幼儿园游戏化课程教育模式创新探索

王丹 著

东北师范大学出版社
NORTHEAST NORMAL UNIVERSITY PRESS
长 春

图书在版编目（CIP）数据

幼儿园游戏化课程教育模式创新探索 / 王丹著.--
长春：东北师范大学出版社,2024.3
ISBN 978-7-5771-0869-8

Ⅰ.①幼… Ⅱ.①王… Ⅲ.①游戏课－教学研究－学
前教育 Ⅳ.①G613.7

中国国家版本馆 CIP 数据核字（2024）第 070574 号

□责任编辑：罗玉良　李敬东　　□封面设计：仙境设计
□责任校对：孟　静　张艳梅　　□责任印制：侯建军

东北师范大学出版社出版发行
长春净月国家高新技术产业开发区金宝街 118 号（邮政编码：130117）
电话：0431-85690289
网址：http://www.nenup.com
电子函件：3139057126@qq.com
三河市双升印务有限公司印装
河北省廊坊市三河市杨庄镇杨庄村（邮政编码：102800）
2024 年 3 月第 1 版　2024 年 4 月第 1 次印刷
幅面尺寸：185 mm × 260 mm　印张：10.25 字数：208 千
定价：68.00 元
如发现印装质量问题，影响阅读，可直接与承印厂联系调换

前　言

幼儿园教师要从幼儿的思维方式、学习能力、心理状态等角度出发，建立简单生动的游戏化课堂，在满足幼儿个性发展需求的同时，提升幼儿的综合能力。与此同时，伴随着幼儿教育的发展，"游戏"教学已经成为幼儿早期教育的主要理念。幼儿园教师要确定自己的教学方式，设计出具有一定意义的教学活动，从而使幼儿的各种能力得到均衡、有序、稳定的发展。要提高幼儿的整体素质，就需要在"一切为孩子"的教育观上进行不断的探索和改革。通过探索一个科学的课程游戏化教学方法，不断地增强游戏化教学的价值，从而从多个角度提升幼儿的能力和素养。

在一定程度上，幼儿园教师对幼儿的游戏教育起到了一定的导向作用。带着幼儿一起玩，在玩的过程中，不断地向幼儿灌输基础课程内容，可以让幼儿更好地认识生活。因为幼儿所学的很多知识，都是从现实生活中来的。通过把这些生活知识编成游戏，可以增强幼儿的体验和领悟能力，让他们在动手操作中，通过对问题的思考和记忆来提高他们对生活的认识和对生活的感觉，让他们学会更多的生活技能。

本书将"幼儿园游戏化课程的教学模式"作为主题，将我国幼儿园游戏化过程的产生与发展作为出发点，从理论上对其内涵、背景、价值、特点进行详细的介绍，并对游戏生成课程模式与路向、幼儿园游戏化课程的优化路径进行系统的探讨，对幼儿园语言领域游戏化课程模式、艺术领域游戏化课程模式、社会领域游戏化课程模式进行较为深入的探讨，希望能为读者更好地了解和实践幼儿园游戏化的教学模式，以及为幼儿园游戏化进程的教学模式提供一些有益的借鉴。该教材内容翔实、条理清晰、逻辑清晰，既有理论又有实践，适用于广大幼教工作者。

为使本书更具学术性和严谨性，笔者在编写这本书时，参考了许多文献，还援引了许多专家和学者的研究成果，由于版面所限，无法一一列出，在这里，笔者向大家致以衷心的谢意。因为时间紧迫，加上笔者能力所限，所以在编写上，不可避免地会有一些缺陷，还请大家多多指正，给一些宝贵的建议，使笔者能够在以后的写作中不断地提升自己的水平。

王　丹

2023 年 6 月 5 日

目　录

第一章　我国幼儿园游戏化课程综述

第一节　我国幼儿园游戏化课程的起源与发展

《儿童权利公约》于 1989 年在联合国大会通过，规定儿童有权进行适合自己年纪的游戏和娱乐活动。同时，《幼儿园教育指导纲要（试行）》《3—6 岁儿童学习与发展指南》《中共中央 国务院关于学前教育深化改革规范发展的若干意见》等一批相关的法律、法规均将"游戏"作为幼儿园最基本的教育方式，并突出"游戏"对幼儿园教育的重要性。由此可以看出，游戏既是幼儿享有的权利，也是幼儿最重要的一种学习方法，更是最符合幼儿身心成长特点和规律的活动，可以最大限度地推动幼儿身体、心理等方面的成长。

一、幼儿园游戏实践中存在的问题

（一）只重视教学活动，不重视游戏活动

幼儿园教育主要包括健康教育、语言教育、社会教育、科学教育和美育教育。有句话说得好，"一日活动皆课程"，幼儿园的课程应包含教学活动、游戏活动、生活活动等内容。然而，部分幼儿园对"五位一体"教育的理解比较狭隘、有限。所以，园本课程的建设只以教学活动为中心，即设计教学活动（备课，写教案）—实施教学活动（上课）—评价教学活动（评课）。那些幼儿园的游戏区域，是"摆设"，也是应付上级检查的存在，还是"成果"，跟幼儿没有任何关联。幼儿园的活动应是一个完整的过程，教师在开展教学活动、游戏活动和生活活动时，应当合理地安排活动时间和顺序，做到三项活动相互促进，而不是重此舍彼。

（二）只开展规则性游戏，不开展创造性游戏

按照游戏的教学功能，可以将其划分为"创造性"和"规则性"两种类型。创造性游戏，又称"自主游戏"，它是幼儿积极主动地、富有创造性地对生活进行反应的一种活动，因为它尊重幼儿的自发、自愿和自主性，符合幼儿喜欢玩的天性和渴望，极大地激发了幼儿的积极性和创造性，是一种典型的、有特色的游戏类型。幼

儿在进行创造性游戏的过程中沉迷于玩本身，享受玩耍的过程，对玩耍的效果并不太在意。"规则性游戏"又叫"教学游戏"，是由教师根据某种特定的教学目标，精心设计出来的游戏。有了规则性的游戏，小朋友必须依照教师的设定来玩耍，缺乏自由度与自主性。然而事实是，与规则性游戏相比，创造性游戏更适合幼儿的年龄特点，对幼儿的学习和发展有更大的帮助。

然而，在现实生活中，一些幼儿园教师却把"游戏"当作一种"规则"，将"游戏"视为教育的一种方法或方式。长时间的规则性游戏，剥夺了幼儿进行创造性游戏的时间和空间，从而导致出现幼儿不会自己玩、玩不好、玩中没收获等问题。

（三）教师管控失当，不利于幼儿学习与发展

有些教师在幼儿进行自主游戏时，缺少现代化育儿观和游戏理念，主要表现在：设置游戏主题或内容、指定游戏角色、将自己的想法强加于幼儿、不断地进行提示和提醒等。比如"娃娃家"，幼儿正坐在一条长长的沙发上聊天，教师却突然走过去提醒幼儿："已近中午，该做饭了！"一段时间后，这位教师注意到一些幼儿正坐着手扶拖拉机在操场外面徘徊，便上前制止道："请遵守游戏规定，不要在操场外面玩耍。"尽管看上去很负责，却很可能因对幼儿游戏缺乏了解而导致游戏失败，给幼儿带来不好的游戏体验，让他们对游戏失去兴趣。造成这种情况的主要因素是：教师没有做到以幼儿为中心，缺乏对幼儿的信心，缺乏对幼儿主观能动性与创造力的充分重视，没有及时地给予幼儿自由的空间。

与以上提到的教师的行为完全相反也是不可取的：有些教师在幼儿进行自主游戏的时候，对幼儿的行为表现得很冷漠，或是只关注幼儿在游戏中的安全，却忽略幼儿游戏的内容和深度；还有些教师将幼儿的自由活动时间当作自己的放松时间，或是用来做一些别的事务。比如在表演区，幼儿正在用教师布置的彩绘（协助角色造型），给另一个幼儿化妆，长达二十多分钟，但他们并没有进行任何的表演，只是毫无章法地乱玩。这位教师看似完全尊重幼儿，实际上他对幼儿的游戏水平并不了解，缺少对幼儿的观察和正确引导的能力，错过了用游戏促进幼儿学习和成长的机会。

二、我国幼儿园游戏化课程的起源

萌芽时期（2010—2014 年）：该时期针对幼儿园课程中"游戏"的理论和实践还不多见，但一些学者已经认识到"游戏"对于幼儿发展的重要作用，并将其纳入幼儿园教育的过程中，但其具体实现路径还不完善，实现难度较大。

发展时期（2014—2016 年）：在这个时期，关于游戏教育的关键词急剧增加，游戏化、游戏策略、游戏资源、游戏课程实践、区域游戏等词语层出不穷，这表明，

研究者不仅将注意力集中在幼儿园课程中游戏价值的体现上，还对课程游戏化的资源开发、实施途径、实现策略进行了相关的研究，研究的内容也变得更加多元化。在这当中，除了将教育游戏化之外，怎样才能将游戏精神融入到幼儿园的其他活动之中，从而推动幼儿的成长，也是学者们所关心的问题。

深入时期（2016—2020年）：该时期，与之相关的研究不断增加，并逐步深入。2015年之前，与课程游戏化相关的研究中，仅以幼儿园课程游戏化的策略为中心展开，而到了深入时期诸如区域游戏、一日活动、户外游戏、语言、建构游戏、版画、大班美术等关键词的涌现，成为对课程游戏化策略的进一步探索。此外，"发展性""创造力""教学质量"等词语也日益突出，越来越多的研究者将目光投向"游戏性"的质量问题。

三、我国幼儿园游戏化课程的发展

（一）教学游戏化：陈鹤琴幼儿游戏观的传承

陈鹤琴是中国近代早期教育的开创者，也是近代早期幼儿教育的开创者。陈鹤琴受美国教育家杜威的务实教育思想的影响和20世纪二三十年代中国国情的启发，创建了一套以幼儿为中心的早期教育课程，他对幼儿游戏的观点尤其是对幼儿"游戏性"的探讨，为当今幼儿游戏理论的发展奠定了一个较为系统的理论依据。

1. 教学游戏化的基本思想

"游戏"的基本含义包括：第一，游戏是幼儿的生命。陈鹤琴说："凭什么不让他游戏？你干吗非要让他表现得跟大人似的？"幼儿不是缩小的成人，活泼、好动，这是幼儿的天性。教师不应阻止幼儿游戏。第二，玩乐即工作。陈鹤琴提倡："幼儿生活，即为玩耍。"游戏是幼儿生活中最主要的一项生活行为，同时也是幼儿生活中的一项工作。第三，游戏对幼儿和社会都有很大的帮助。陈鹤琴主张："游戏能使幼儿的身体和心理得到发展，使幼儿的感官得到灵敏，对幼儿的生活有很大的益处。"它不仅具有一定的娱乐性，而且对促进幼儿的身心的协调发展，对国家、民族、社会的发展和进步都起着积极的推动作用。第四，游戏化教育。陈鹤琴提出，在幼儿园教育中，应该把握好"幼儿爱玩"的这个特性，将枯燥无味的课程转化为充满乐趣的活动，将游戏作为教育的一种手段，幼儿可以在游戏的过程中获得一些新的东西和新的体验，对接教与学能够起到很好的促进作用，这就是"游戏"教学的真正意义。

2. 教学游戏化的传承实践

以陈鹤琴的教育理念为方向，当前的幼儿园教育中普遍存在着以"游戏"为主的教育模式。在教学初期，通过"游戏"的方式引导幼儿，以提高幼儿对学习的兴趣；在课堂上，教师为幼儿设计一套有趣的小游戏，让幼儿能更好地掌握所学的东西，并能更好地加深幼儿对所学内容的认知；在教学的过程中，教师运用"游戏"，让幼儿在一种放松、愉悦的气氛中学习。在开展活动的过程中，教师应该创编、设计并组织有规律的游戏，从而达到寓教于乐的目的，比如体育游戏、音乐游戏、智力游戏等，让幼儿在游戏中进行学习，从而达到教学目的。

（二）课程游戏化：陈鹤琴幼儿游戏观的发展

为了推动幼儿园的课程发展，提升幼儿园教育质量，江苏省幼儿园自2014年开始了"游戏"教学项目。此后，国内所有的幼儿园都根据当地和本幼儿园的特点，对幼儿园的教学内容进行了适当的调整。

1. 课程游戏化的基本要求

课程游戏化的基本要求有六点：第一，明确"游戏"的意义。在幼儿园的教学过程中，要根据幼儿的发展特性和发展规律，体现出"游戏"的思想和精神。第二，对课程的"游戏性"计划进行改革。以现行的课程方案为基础，采用观察、反思、研究、审议等方法，以课程游戏化理念为核心，从环境创设、主题活动、一日活动组织、家园合作等多个方面，对课程方案进行适应性的改革，构建出一个以游戏为基本活动方式，与幼儿园的实际相吻合的幼儿园课程体系。第三，创造一种具有"游戏性"的教学情境。在幼儿园，不仅要注重室内、室外的物化环境，还要注重幼儿的心理和身体发展。目前，幼儿园室外活动以滑梯、秋千、跷跷板、攀爬墙等大型运动器械为主。在幼儿园的室外游戏中，还可以放置一些材料，如角色游戏、结构游戏、表演游戏等，来满足幼儿不同的游戏需要。幼儿园的心理环境应当是自由、自主、轻松、温馨、安全、舒适的，不应当是控制、高压、紧张、训斥、恐吓、威胁的。第四，创造游憩场所。幼儿园活动区由游戏区、学习区、生活区三部分组成，活动区的设置要充分考虑幼儿的需求，保证幼儿有充分的游戏空间。所以，应该增加幼儿园的活动面积。第五，全方位进行"游戏性"的教学。在幼儿家庭中，在自然界中，在整个社会中，都可以应用幼儿游戏中的资源，构建一个涵盖自然资源、社会、文化、科技等多方面的资源系统。第六，提升游戏教育情境的创设和应用，应支持和引导游戏活动，策划和实施游戏活动，激励和评价游戏活动，交流和合作游戏活动，反思和发展游戏活动。

2. 课程游戏化的发展和实践

陈鹤琴的游戏理论认为，游戏是对游戏理念的继承与发展，并把它运用到幼儿园实践活动中。课程游戏化将游戏化的范围从教学活动扩展到了一日生活的各个方面，它现在已经不再将游戏作为一种手段，也不是将某种活动视为游戏，而是更注重以幼儿的体验、需求和兴趣为基础，来创造出相关的情景，来调动学习者的积极性和主动性。在这样的大环境中，提倡以游戏为核心的教育理念，回归幼儿的自主性和主体性。

（三）游戏课程化：陈鹤琴幼儿游戏观的创新

1. 游戏课程化的基本内涵

王振宇以幼儿的成长和游戏为切入点，定义"游戏的过程"是指幼儿游戏的起点，适时掌握幼儿成长的各个时期的发展特点，以指导和构建新游戏来推动幼儿的成长。"游戏课程化"指的是通过游戏来推动幼儿的学习和成长的一种游戏链条，而成长点是一个由五大领域的教育内容所衍生出的教育活动。当幼儿在学习过程中获得了新的知识和体验之后，他们就会把这些知识和体验重新带入游戏的过程中。这个时候，他们的游戏就不再只是早期的游戏的单纯的重复，他们的游戏会在更高层次上得到发展和提升。简而言之，游戏性的学科发展是一个游戏性、学会性、自主性、互动性的螺旋发展的循环过程。

就拿安吉游戏来说吧，在一次室外活动中，一群小朋友用木板支起一块滑梯，过了一段时间，其中的一个小朋友往木板上撒了些沙土，之后其他的小朋友在滑滑梯的过程中他们的速度竟然加快了。在分享阶段，教师根据幼儿自己的游戏经历，提问："从我们以前所学的知识来看，在木板滑梯上撒上沙子增大摩擦力，可是，下滑的速度怎么更快了呢？"教师还为幼儿准备了各种材料，让他们在滑滑梯的过程中不断地探究滑行的速度。这位教师善于把握成长点，以激发幼儿的学习兴趣，引导幼儿展开讨论来促使幼儿不断地对自己的知识经验进行更新，使他们的认知结构得到进一步的完善，从而推动幼儿的学习和成长。

2. 游戏课程化的创新实践

游戏的课程化，不仅是对传统的游戏性理论的再构建，更是对新课程观念问题的回应。为了从根本上扭转幼儿园小学化倾向，本节试图构建一种新的幼儿园课程体系。这个模型还受到"基于游戏"理念的指引，并且更注重以幼儿为核心，对幼儿在游戏的过程中遇到的问题进行精练和整合，并从五个主要方面对经验、思维和能力进行系统化的建构，这也是陈鹤琴幼儿游戏观的体现。其理论与现实意义已得到越来越多的证实，并已成为一种趋向。

游戏化的教学观、游戏化的课程观是相互影响、相互作用的。在教学游戏化思想的基础上，幼儿园既要坚持"以游戏为基本活动"的教育原则，也要尊重幼儿的喜好和兴趣，给予幼儿足够的玩耍时间，保护幼儿玩耍的权利。与此同时，要以幼儿园游戏的重要价值作为切入点，探索出一种具有园本特色的课程模式。要处理好规则性游戏与创造性游戏之间的关系，要尊重幼儿的自主游戏意愿，要为幼儿创造所需的游戏情境，要注重对幼儿游戏过程的观察和记录，及时、适当地指导他们。最后，在规划和灵活的基础上，在预先设定的基础上，实现教学游戏性和娱乐性的统一。

第二节　幼儿园游戏化课程的内涵与背景

时代在进步，社会也在发展。我们的教育应该与时俱进，勇敢地担负起新的历史任务。培养有理想、有能力、有担当的新生力量。学前教育专业肩负着对幼儿进行学前素质教育的责任，是实施教育计划、提高教育质量的保障。在新的历史条件下，我们必须适应新形势，不断地提升幼儿园的教育水平。

一、当前幼儿园课程游戏化建设的背景

在幼儿园工作中，最重要的是要把课程构建起来，要把课程的游戏性作为其核心内容。而在幼儿园课程游戏化建设中，我们不但要把握好课程游戏化建设的实质，明确课程游戏化理念，建立起正确的课程观、幼儿观、游戏观，而且要跟上时代发展的趋势，凸显新的时代特色。

（一）核心素养培养的需要

核心素养是基本的、根源性的素质，是幼儿成长的根本，是幼儿成长的基石和中流砥柱，对幼儿正确成长的可持续发展具有重要意义。在幼儿园的课程中，应该将核心素养的培养作为目的，对幼儿的必备品格与关键能力进行重点关注，将其对准幼儿的自主发展与全面发展。在新的时代背景下，幼儿园的游戏化课程应该以核心素养为导向，使教育回到其本身，使其成为幼儿生活的一部分。

（二）"双减"政策的要求

随着《关于进一步减轻义务教育阶段学生作业负担和校外培训负担的意见》的出台，"双减"政策得到全面落实，同时也带来了新的变化。"双减"看似与幼儿园无关，实际上却并非如此，它也是学前教育的风向标。幼儿早期教育也要为幼儿"减负"，要继续强化早期课程，重视改革和创新，优化幼儿早期课程的计划、内容和形

式，提升幼儿早期课程的游戏性构建，从而达到真正为幼儿早期教育阶段减轻学习压力的目的。

（三）新课程标准的需求

新课程方案和新课程标准的颁布标志着新一轮课程改革已经走进"深水区"。新课标在观念上存在诸多创新，这些创新要求我们必须对其进行深入了解，并将其与课程构建和课堂教学有机地结合起来。新课程改革将问题和创新作为指导思想，直接面对目前出现的问题，对课程资源的内容进行优化，并对课程的综合性与实践性给予更多的重视。新的课程方案和标准的执行为学前教育提供了一个新的发展趋势，促进了学前教育的正向发展，为其提供了一个很好的参考和更高、更适应学前教育的要求。

（四）幼小衔接的需要

《关于大力推进幼儿园与小学科学衔接的指导意见》指出，要在尊重幼儿生理和心理发育特点的基础上，探索构建幼儿园与小学科学衔接的长效机制。幼儿园是小学教育的预备时期，也是为上小学打下基础的时期。在幼儿教育与小学教育的衔接中，课程构建是一个强有力的切入点。因此，我们应该在幼小衔接的大环境中构建幼儿园的"游戏性"。在幼儿园课程构建的过程中，我们要转变过分注重课本知识的观念，走上游戏化教育之路，把课程和游戏结合起来，通过游戏化的课程来推动幼儿的身心健康发展。

二、幼儿园课程游戏化的内涵解析

游戏是目前幼儿园在新一轮课程变革中所进行的一种尝试，其最终目的在于让游戏的内容更贴近幼儿的生活，从而更好地推动幼儿的成长。游戏性课程的出现，使教师对游戏的认识发生了翻天覆地的变化。

课程游戏化提倡将幼儿视为一个独立自主的人，认为幼儿是有能力的，他们有自己的思维和看法，接受他们的观点与成年人不同。也就是说，就"幼儿是什么？"而言，肯定幼儿是独立的、有自己思想的人。所以，在课程实施的过程中，教师应该鼓励幼儿充分发挥自己的主观能动性，在环境创设、课程实施的过程中，要充分尊重幼儿的意见，不能用成人的想法来代替、左右幼儿的想法，要尝试从幼儿的角度看问题，理解幼儿，并向幼儿学习。

它提倡的是一种游戏性的课程。然而，有些人却单纯地将游戏理解为一切课程都以游戏的方式展开，因此在"游戏"与"其他"等方面开展教育时存在一定的偏差。比如回避团体教学，担心自己的教育行为会被冠以"小学化"的标签。如此一来，原本能互相融合、互相促进的两项工作反而成了互相对立、互不相容的两项工作。其实，游戏和教学并非对立的，而是两种不同的教育方式。只要贴近幼儿的实际情况、符合幼儿的成长特点、具有很高的生活化和趣味性，就可以成为一种游戏化课程。

游戏是幼儿的最重要的生活和学习方式，幼儿园要保证幼儿有充足的游戏时间。然而，一些教师对游戏的理解出现偏差，从而出现过度放纵和过度管制的现象。前者会让幼儿没有规则、难以获得新的经验，而后者会让幼儿缺乏自主和愉快的体验，这两种类型的游戏方式都违背了课程游戏化的理念。课程游戏化，提倡幼儿游戏，自由自主地游戏，而教师则要为幼儿的游戏服务，给予幼儿适当的帮助和引导，并创造一个自由自主、愉悦的游戏氛围。

虞永平教师指出，游戏教育并不意味着要将幼儿园的一切活动都变成游戏，它只是要求保证幼儿最起码的游戏活动时长，并将游戏的理念和精神融入各种不同的教学中去。所以，课程游戏化的实质与核心就是游戏性。课程游戏化要求确保幼儿拥有充足的、自由的游戏时间，让他们的活动尽量以游戏的形式展开，并将自由、自主、创造、愉悦的游戏精神融合到一日生活的每一个环节之中。

三、当前幼儿园课程游戏化建设的要求

随着社会的发展和进步，幼儿园的课程游戏化也随之产生新的变化。在构建幼儿园课程游戏化的过程中，应该充分地将多种环境要素纳入考量之中，并与其所处的时代背景相联系，制定出行之有效的应对策略，从而提高课程质量。

（一）落实立德树人

立德树人是教育的基本使命，无论是在义务教育阶段，还是在幼儿园阶段，立德树人应一直被视为教育的基本使命。

在课程游戏化建设的过程中，游戏仅仅是一种手段，而不是最终的目的。我们不能仅仅追求它的娱乐性，也不能仅仅重视它的启蒙作用，更不能仅仅关注它的外表形式，而是要充分地将它的育人价值体现出来，以社会主义核心价值观为中心，对幼儿的个性进行培养，将树立幼儿的正确的思想和品德视为教育的重要任务之一。目前，由于受到社会和家庭因素的影响，部分幼儿的品德教育并不理想，一些幼儿在家里被当成"小皇帝"，娇生惯养，因而产生了一些以自我为中心、抵抗困难的心理倾向。要充分发挥幼儿可塑的特点，强化道德教育，培养幼儿的优良道德品质和健全个性。要在立德树人的每一个环节中，重视游戏的内容与质量，充分挖掘游戏

的教育意义，突出游戏道德教育的作用。比如，我们可以利用群体性游戏活动，来对幼儿的合作精神进行培育，让他们学会与人为善、乐于助人。

（二）聚焦核心素养

人的成长是一个长期的过程。在幼儿的成长中，我们应该根据幼儿的发展特点，一步一步地来，不要揠苗助长。在幼儿早期的成长过程中，不应一味地强调幼儿教育的知识性，更应重视幼儿的核心素养的教育。在幼儿的成长过程中，核心素养是幼儿的基本素质，其中的独立发展和实践创新是幼儿终身学习的重要保证。为此，在构建幼儿园课程游戏化的过程中，应以核心素养为中心，将其贯穿于课程教学的各个方面。在进行游戏的过程中，要为幼儿提供一些可以进行独立游戏和自我发展的机会，从而提高幼儿的游戏意识和探究兴趣；自觉地指导幼儿在游戏过程中进行自主探索，让幼儿在愉快的游戏中获得更多、更好的发展。

（三）散发生活气息

陶行知"生活即教育"的思想主张：生活具有教育的价值，教育应当立足生活。传统的游戏性课程忽略了幼儿的生活价值，游戏内容和形式与幼儿的生活相脱离，游戏内容和形式相对单一，一天的活动都是课程。我们应该在平日里多留意幼儿的活动，抓取生活素材，充实活动内容。比如，在一节课上，笔者看到一些幼儿在相互追赶，靠近了才知道，他们正在做一种"踩影子"的游戏，于是笔者有了灵感，以影子为题材，进行了影子教学。笔者为幼儿设计了一些游戏，如"踩影子""找影子""玩手影""皮影戏"，让幼儿在游戏中探索影子的奥秘。"影子游戏课程"充满浓厚的生活气息，可以激发幼儿的生活体验，提升教育质量。

（四）注重综合实践

在新课改形势下，"一体化"是构建幼儿园游戏性课程的重要内容。在幼儿园课程游戏化建设过程中，我们要运用跨界的理念，设计综合性游戏，进行跨学科的整合：在游戏的过程中，将多个学科的知识进行有机结合，指导幼儿综合运用知识、方法和经验，解决比较复杂的综合性问题，并利用综合性游戏，提高幼儿的综合素质。在幼儿园课程游戏化建设中，我们要更加重视实践性，设计出丰富多彩的实践活动，让幼儿在游戏中直接感知、动手操作、亲身体验，用多种实践活动来提升幼儿的创造力。

第三节 游戏化课程的理论依托——"游戏人"理论

一、"游戏人"理论

（一）游戏与教育关系的一般考察

游戏是一个很久以前就被人注意到的社会现象。希腊文的"游戏（paidia）"一词与"儿童（pais）"一词有关，而"教育（paideia）"一词与"游戏（paidia）"一词仅多一个字母。英语"学校（School）"一词来自拉丁语"Schhola"，"Schhola"一词则来自希腊文"Skhole"，意思是闲暇和休息。因此，在很长的一段时间内，无论是柏拉图还是杜威，都对"教育"和"游戏"之间的联系给予了高度的重视。柏拉图认为"教师应该借由游乐之助，使幼儿的兴趣与快乐，成为人生之终极目标"；亚里士多德把游戏视为一种认识休闲规律、开发理智的主要途径，这一点在七岁之前尤为重要。这就是英国教育史家威廉·博伊德所说的："雅典人玩的大部分都是我们平时玩的。"希腊教育工作者对游戏的教育意义有一个较为准确的理解。夸美纽斯高度地评价了游戏对幼儿教育的重要作用，他认为游戏能让幼儿"自我愉悦，而且能让他们的身体变得健康，心理变得活跃，四肢变得灵活"；福禄培尔把游戏视为早期教育的根本，他相信游戏是一种具有创造力的自我行为，也是一种自然的学习方法，它是一个幼儿"一个完整未来生活的雏形，因为一个人的全部品质和内心智慧都是通过'游戏'而得以开发和体现的"。杜威甚至提出："没有游戏，没有工作，就无法进行正常而高效的教育"。看来，教育界人士都十分重视"游戏"在"教育"中的地位。通过对比不同流派的游戏论，我们可以看出，它们都将游戏视为一种提高教育水平的工具，将其视为教学过程的一部分，可是关于游戏如何提高教育水平的理解，通常还停留在幼儿时期。直到现在，仍存在只将游戏作为幼儿园教学内容的观念。

（二）"游戏人"理论及其理论下的教育

康德是在审美层面上运用游戏这一观念的开创者，也是最早将艺术与游戏相结合的人，他认为艺术与游戏之间的关系就是自由。席勒秉承康德的观点，主张凡是属于艺术的东西，都应该被称作游戏，这是一种"最高的美学功能"，缺乏它，它就不能被称作艺术。他还说："只有当人是完全意义上的人时，他才游戏；只有当人游戏时，他才完全是人。"从康德到席勒，他们对游戏给予"生命本体论"式的高度看中。因此，20世纪初期便出现了"游戏人"这一理论。

　　荷兰学者约翰·惠辛嘉（John Huxley）在 1938 年发表了一本专门研究人类游戏的书，名为《人，游戏者》，将我们对游戏的理解推上一个新的台阶。胡伊青加对"人是游戏者"这一理论进行了深入研究，并对其在不同文化形态中的地位进行了分析，得出一个惊人的结论。胡伊青加认为，游戏要早于文明。胡伊青加相信，人与人之间，都有一种共同的天性，那就是爱玩。并非文化造就了游戏，而是游戏造就了文化。不管是各种礼仪，还是音乐、舞蹈、打猎和比赛，在人类社会中都是很重要的原始行为，从一出现，就被游戏贯穿。胡伊青加对古代希腊至 18 世纪的这段历史的发展，进行了深入地研究，并得出结论：游戏的要素贯穿整个文明的发展历程，而这些要素的出现，又促成后世的许多重要的社会和文化形态的形成。然而，随着近代社会的兴起，胡伊青加却发现，原来的很多文化因子已日渐式微。胡伊青加指出，自 19 世纪开始，随着"理性人""制造人"等理念的盛行，人类的游戏意识逐渐消退，但游戏仍是人类生活中最基本的一种，而人类的生活方式则是"由游戏而生，由游戏而成"。从这个角度来说，文明将永远遵循一定的规则，真正的文明将永远需要公平的游戏。欺骗和破坏游戏就等于毁灭人类。从这一点上，胡伊青加得出人既可以被称为"理性人"，也可以被称为"制造人"，但人的本质却是"游戏人"。我们之所以要突出游戏这个概念，就是为了召回整个人类逐渐远离的游戏精神，寻找游戏中最真实、最单纯的游戏元素，寻找游戏中所缺失的自足而自洽的人类生活。

　　从上述的剖析中，我们可以看出胡伊青加及其"游戏人"理论的基本思想：第一，游戏乃人类之本性，人人皆爱游戏，此一本性不仅存在于孩童时期，而且贯穿于人的一生；第二，"理性人"也好，"制造人"也罢，都只各司其职而已；第三，所有人都是"游戏者"，只有在看到自己的时候，才能"成为"其他人；第四，游戏是人类最基本的生存方式，是所有文化的"母体"。从"游戏人"的角度来看，人人都是"游戏者"，因此，教育也就自然而然地成为一种游戏。要做到"玩于教""用教玩""为教玩"，才能让幼儿体会到教与学的快乐，才能培养出"游戏精神"的教学行为。当前的某些课堂上，教师和幼儿在"教"和"学"上出现了一种共同的倦怠感，这正是缺乏"游戏精神"的结果。除此之外，因为教学活动从实质上来说也属于一种游戏，所以教师与幼儿之间就是一种"玩伴"的关系，教师与幼儿要营造一种游戏氛围，在游戏中发挥自己的作用，共同制订并遵守某些规定，并根据自己的需要，共同协商，对这些规定进行修改。

二、"游戏课程观"："游戏人"理论视野下的课程

（一）"游戏课程观"中的师生——"游戏者"

　　平等原则是游戏的一项重要原则。在游戏中，两个人的地位是一样的，没有年

龄的区别，就像中国的一句俗语："牌桌上无父子。"而且，这款游戏的规则随时发生变化，同样的游戏，在不同的地方，会有不同的规则，即使是在同一个地方，同样的一群人，也会有很多种解释。在课程与教学领域，"权威"就是"支配"。从传统的角度来看，对于教师来说，最重要的就是权威和掌控。但是，在"游戏课程观"中，教师的角色是"平等者中的首席"，也就是说，教师与幼儿之间没有教导与接受、先知者与后知者的必要差距，相反，教师与幼儿作为一个群体，他们在一起探索相关知识，在这一过程中，他们彼此对话、相互合作。在这种情况下，经过合作、提问与交流，幼儿会对教师产生信任感。

在这种新的教育理念下，教师与幼儿已摆脱对"教师中心"或"幼儿中心"的传统争论，所以教师和幼儿、幼儿和幼儿皆成了游戏参与者，而且是绝对的平等的游戏参与者。在这个游戏中，他们都试图在一定程度上实现"偏离"：教师已经不是一个控制和发号施令的人；而幼儿正在摆脱"自我跛足"。通过这两种偏离，师生可以进行协作与磋商，教室可以由封闭式走向开放式，来自不同文化背景与经历的同学可以互相认识。唯有如此，才能保证教师与幼儿之间的和谐关系，也就不会发生只让那些具有较高知识水平的教师，以及少数几个幼儿参与其中，而将其他人置身事外的局面。唯有在和同学们的交流中，讨论出一个新的分享含义，教师们才能确保他们的学习是顺利进行的。

（二）"游戏课程观"中的创新——"自由书写"

《说文解字》中对"游"的解释是："游，旌旗之流也。"意为旌旗垂落下来的流苏或者飘带，如此"游"这个词便具有一种悠然自得、无拘无束的意蕴。显然，在最初，人们对"游戏"的认识，便是一种悠然自得，接近于无拘无束的境界。胡伊青加对此做了更多的解释。他说："所有的游戏都是自觉性的。服从指令的游戏已经不能称为游戏了，充其量不过是一种被迫的模拟。幼儿和动物一起玩，就是为了享受，而这份享受，也是他们心甘情愿的。游戏的最主要的特征，即游戏是自愿的，是事实上的自由。"与"游戏者"论所提倡的自由相反，目前的课程中存在着许多"强权"的迹象。首先，关于"学什么"的问题，这原本是一个人最根本的问题，但是，贝恩斯坦所谓的"强分类""强架构"的"集合式"教科书，完全将"学什么"的问题给剥夺了：凡是教师选择的，无论幼儿是否情愿，都要让他去研究，而超出教师选择范畴的，就会毫不客气地将其排斥。其次，在阐释的过程中存在着"专横"的特点。教师要求的阐释是一种客观的、一义化的阐释，但这种阐释否认了认知的历史与个性化，因而抑制了幼儿的创新能力。德里达是解构主义学者，他用"书写"这个观念来质疑这个以声音为本位的传统观念。他认为，由于"言说"缺乏主体性的存在，使其语义发生根本性的变化，因而，"言说"与"书写"相比，也就从根本上丧失了优势。从"游戏性课程"的角度看，课文并不是最终的教材，而是游戏的材料，玩家可以在这些教材面前自由书写。这是由于在特定的时间和空间的历史中，作为一种开放性的结构，在此背景下，在此时空中，在此历史中的参与者，"书写"出原本不存在于此的内容，进而创生出新的共享含义。

作为一个系统的课程，有着一段自组织的过程，特别是当教学从教导式转向自主式、对话式、探究式的游戏活动时，教师、幼儿、文本之间就会产生一个趣味游戏，这游戏是对概念、命题和观念的主动消解、转化和升华，是一种通过自主对话和探究拓展自我实践、促进生命成长的方式。"游戏课程观"认为，课程的学习者不仅要能"对所研究的数据有足够的了解，并有足够的信心既能解决、解释、分析和表达所提供的数据，还能以富有想象力和怪异的方式与那些数据进行游戏"。在这种自由的游戏中，书写与创造是一种自由的历程。正是由于它的多样性、质疑性和启发性，以及游戏自身所具有的松散性和多余度，才使其在运用、诠释和视角上多元化，达到创新的目的。

(三)"游戏课程观"的目的——游戏过程

康德曾经把游戏和劳动相提并论，把游戏看作"在劳作以外"的一种手段；游戏是一种享受，是一种无拘无束的行为。相同的行为，若具有"外在于"行为这一目标，则不应被称作行为，而应被称作工作。在许多关于游戏的研究论文中，都有这么一则小故事。

有一个小孩，正在院子里翻滚着一个破铁桶，那声音实在太刺耳了，让人根本无法休息，无法工作。但无论别人说什么，他都充耳不闻，反而对这件事更感兴趣。一名老者走近，低声对他说："你做得很好，只要你在地上滚一个来回，我就赏你一块钱。"小孩不可置信地看着老者，半信半疑地滚了一圈，之后老者真的赏了他一块钱。接着对他说："你要是能再滚一次，我就赏你五角。"小孩很开心地又滚了一次，老头如约给了他五角。这回老头说："我就剩一角了。"小孩有些不情愿，可是他想得到那一角，只好硬着头皮又滚了一遍。最后，那老者说："我没钱了，你要不要重新滚一遍？"小孩丢下铁桶，兴趣全无地离开了。

这位老先生非常高明地将一个好玩的游戏变成了令人讨厌的工作，用一种非常生动的方式向我们展示了一个道理：当我们让一个幼儿一味地追逐物质上的荣誉和财富，而忽略这个过程时，一切好玩的东西都会变成令人讨厌的东西。在这个世界上，目标是无关紧要的，或者说，这个世界上没有目标，只有过程。玩家们只是为了自己和玩的过程而游戏。当然，任何一种游戏，都会有很多人（不管是在现场还是不在现场），但是，作为一个玩家，他的眼睛里应该没有人，只有游戏。这就是游戏的目的。

20世纪70年代以来，美国在"新课程理念"上进行了一系列尝试，试图转变人们对"新课程"的认识。而其创始人皮纳则在其《课程理论化：概念重建主义者》中，分析了美国现代课程给人类社会造成的种种缺陷，并建议应从课程的本源意义出发，融入当代哲学和心理学的最新观点，从而实现概念重建。皮纳指出，对"课程（curriculum）"一词的错误理解是对其含义的错误理解，而对其意义的理解则应从其语源学意义上的"currere"出发。"Currere"最初的意思是"沿着赛道跑步"，它可以作为一个名词，也可以作为一项运动，还可以作为一次旅程。但是，近代的课程观念却对它"断章取义"，仅仅关注"racecourse"这个词的近源，而忽略其精髓"run"这个词。很明显，该课程以"奔跑"为中心，意思是游戏的过程要大于游戏的最后成绩。只把课程看成在教学过程之前和之后所设定的目标、计划和预期的结果，必然会导致将教育与教学过程本身的非预期性因素从课程中剔除的后果。在特定的教学情景下，师生（参与者）的主体地位得到了最大限度的体现，这个过程充满了创造性，但同时也必然会产生诸多意想不到的影响，而这些意想不到的影响因素往往蕴含着无穷的教育意义。从游戏的角度来看，它已不再局限于预先设定的目的与方案，而更多地将注意力集中在游戏的过程上。

（四）"游戏课程观"的内容——回归生活

与关注理性世界和科学世界的"理性人""制造人"不同，"游戏人"更加关注普通人的日常，是可以被描绘出来的。因此，这是对崇高理论，特别是对试图普遍化的归纳论的一次背叛。从这个角度来看，足球赛场和厨房中所发生的一切都与伊拉克战争中，以及在白宫的会议室中所发生的一切有着同等的历史意义。从"游戏人"的角度来看，当代世界明显对人们的日常生活体验有着明显的轻视。20世纪以来，在学科教学中，以科学为主的学科领域对学科教学内容的选取具有主导意义，而学科教学的变革又以科学为主。因此，在20世纪的教育中，唯理是一种主流价值观念。以科学界为主导的学科体制与现实生活日益分离。从"游戏课程观"的角度来看，这样唯科学主义的课程观无疑是非常不正确的，他们不假思索地将科学世界置于生活世界之上，将科学知识置于其他知识之上。在人类的生活世界里，存在着一种鲜活的、丰富多彩的交流，一种带有"个性化态度"的交流。与此同时，后现代社会中的一个显著特点就是：工作已不是人类最基本的生活形式，就连工作本身也变得更加悠闲——人不再围绕着机械打转，工作时间变得更加自由，就连以前的一些悠闲生活，比如看报纸、上网等，已变成了工作。社会的悠闲化，必将导致一种新闲暇的产生。人们将日益关心和重视我们的日常生活。因此，游戏类的课程也必然要回到生活中去，生活是教育和游戏之间最基本、最核心的纽带，教师和幼儿都将活在游戏之中，因此，"教师和幼儿都是'游戏人'"。

第四节　幼儿园游戏课程的价值与特征

一、幼儿园游戏课程的价值

幼儿园活动中的"游戏性"具有如下几方面的价值。

(一)促进幼儿感知世界，提高其社会能力

《3—6岁儿童学习与发展指南》(以下简称《指南》)指出，在幼儿的社会活动中，其社会能力的形成和发展是一个漫长的过程。幼儿的社会能力，是在他们的日常活动与游戏的过程中，以观察与模拟为手段，在不知不觉中形成的。幼儿具有很强的求知欲，他们从自己喜爱的事物中获取信息，可以通过玩来满足他们的好奇心，并了解到他们所不知道的东西。

游戏和教育是相互作用的。幼儿园教师应充分地认识到其发展的重要性。对年幼的幼儿而言，游戏就像是他们的生活的一部分。通过将幼儿的教育活动游戏化，并进行简单的解释，来培养幼儿的社交才能。幼儿通过听觉、视觉和触觉来认识这个世界，从而体会到生活的意义。在幼儿园，通过游戏化的方式，可以将幼儿的感知力最大限度地发挥出来，从而提升幼儿的社会能力。

(二)激发幼儿的学习兴趣，提升教学质量

《指南》认为，幼儿在参与各种游戏时所展现出来的积极的生活态度和良好的行为趋势，是幼儿学习和成长不可缺少的珍贵素质。要对幼儿的好奇心和学习兴趣进行充分的尊重和保护，让幼儿逐渐养成积极主动、认真专注、不怕困难、敢于探究和尝试、乐于想象和创造等优秀的学习品质。

通过幼儿园课程的游戏化，能够提高幼儿的学习兴趣，培养幼儿积极热情的学习态度，让他们可以积极地参与到游戏的过程中，并去探索新知识，进而提高教育质量。具体地说，游戏能够为幼儿营造出一个和谐、温馨的教学氛围，让幼儿能够积极地去获得更多的知识。在充满趣味的游戏中，幼儿可以让大脑得到开发，培养自己的创造力，并将自己心中的一些特殊的想法付诸行动；且在游戏中，他们还可以与同伴进行沟通，从而获得更多的经验，增强幼儿的沟通技巧，提升幼儿的整体素质。

（三）提升幼儿教师的专业素质

通过游戏化的幼儿园课程，可以提高幼儿园教师的专业能力。幼儿园的游戏化坚持突出幼儿的主体地位，因此幼儿教师要从幼儿的身体和心理特点出发进行玩耍，要考虑怎样用一种高效的方法来指导他们，使他们在所创造的游戏化环境中，充分地发挥他们的主体地位，与他们进行沟通和合作。因此，提高了教师的专业素质。

《幼儿园教育知道纲要（试行）》明确提出，幼儿园的教学活动是一项有目的、有计划、积极主动、有意义、有步骤的活动。在游戏化的教学中，教师需要有较高的专业素质。在课程游戏化教学中，教师不仅要达到教育的目的，同时也要重视幼儿在游戏中的情绪、情感和思维，从而推动幼儿的全面发展。随着游戏化课程的持续开展，幼儿教师的专业素质也会随之提高，这对幼儿教师在游戏的题材与内容的选择、游戏化情境的设计、游戏的过程中发生的意外事件及意外事件的处理、对每位幼儿的游戏过程的观察及最终评价等诸多方面都有较高的要求。通过对游戏式教学的积极反思，可以促进幼儿园教师对课程体系的不断改进和完善，从而提高幼儿教师的专业素质。

二、幼儿园游戏课程的特征

游戏化教学要求将教学的目标、内容和要求与游戏有机地融合起来，让幼儿在玩的过程中，得到学习的认知体验。幼儿园游戏性教育分辅助性、组合性、融合性和整合性等阶段，每个阶段都有自己的特点，把握好每个阶段的教学特点，可以让幼儿在游戏中得到更多的发展。

（一）辅助阶段，个性游戏设计特征

将幼儿园教育引入游戏中，是一个系统性的、可操作的项目。第一个阶段被称为"辅助性"阶段，即"游戏"对幼儿园教育进行干预的初期阶段。通过游戏辅助教学，既可以激发幼儿的学习积极性，又可以对教学氛围进行有效的调控。爱玩是幼儿的天性，教师们应该根据幼儿的年龄特征来选择他们的游戏，改善他们对游戏的适应能力。

幼儿游戏的内容十分丰富，要以幼儿的年龄特征和幼儿的教育实际为基础，对其进行选择、整合和设计，从而促进幼儿的学习。小班幼儿的年纪最小，他们喜爱的是直观性游戏，例如，玩积木、玩球等，这些更易于被幼儿接纳；中班幼儿对自然的了解欲望较强，教师可以适时地组织几次室外游戏，了解花花草草，并注意不

同的色彩；大班的幼儿更愿意参与有一定难度的游戏，他们的团队活动感更强，因此教师可以通过设置对抗式的游戏，来增加幼儿的活动量，提升幼儿的智慧。

由于幼儿的年龄、心理品质和诉求各不相同，所以要针对幼儿不同的年龄需求，进行不同的游戏，以增强游戏的教学针对性。在进行幼儿教育的过程中，通过进行各种游戏活动，可以增强幼儿的参与热情，并可以在具体的实践体验中，形成重要的成长认知。对于幼儿游戏，没有一个固定的标准，但幼儿愿意参加的游戏，才能更好地发展幼儿的思维，这样的游戏才是适合的。"玩"的教学不在于让幼儿认识几个字、几个数，而在于为幼儿提供一个认识自然和社会的机会与情境，针对不同年龄段的幼儿，要选择适合他们的游戏。

（二）组合阶段，多种游戏统筹特征

幼儿教育游戏化的第二个阶段是"组合"阶段，在此时期，幼儿的教育活动逐步变成一种教育手段。在此基础上，通过对活动的安排，使教育与游戏成为一种重要的结合关系。游戏是幼儿早期学习的一种方式。在幼儿早期教育中，游戏已逐渐成为促进幼儿智力发展的一种重要手段，并被视为幼儿早期教育的主要手段。在进行游戏设计时，要考虑幼儿早期发展的各种目的要求，实现多种游戏组合进行。

幼儿在参加游戏的时候，具有很强的主观能动性。在进行具体游戏的时候，教师们要对幼儿的多种需求进行观察，并尽量满足，让他们在玩中学、学中玩，为他们创造特定的娱乐、学习、感知环境。例如，在中班的发现色彩活动中，教师让幼儿走出课堂，到户外去发现色彩。并在这个游戏的过程中揉进如创造色彩、使用色彩等游戏。教师适时地加以指导，帮助幼儿积极地探索、领略、应用、交流、创造色彩。

因为这是一次教育游戏和多种游戏的组合活动，过程中幼儿必定会与他人进行交流，他们一起猜测、协商、演示、证实，不仅逐步建立他们对颜色的认识，也提高了他们创造与合作的能力，这对于他们的知识构建来说，是一种提高，也有利幼儿的全面成长，实现教育的目的。

（三）融合阶段，游戏灵活操作特征

幼儿早期干预的第三个阶段，即幼儿早期干预的融合阶段，是幼儿早期干预活动的深化与发展时期。在此基础上，通过对教学内容的分析、对教学目标的把握、对教学评价的把握等方面进行深入研究。在进行游戏设计时，教师要根据教学目标的实际需要，从游戏教育激发点、游戏操作训练点、幼儿心理诉求点等几个角度出发，提高游戏教学的实用性和实效性。

幼儿已经开始融入社会，也就是幼儿和幼儿教育已经进入一个很深的程度。因此，在这个过程中，教师要注重对游戏进行选择和设计，让幼儿在玩游戏的过程中，在每个环节中都可以观察到幼儿的学习感知特点。例如，在"我是警察"这个大班的活动中，教师要向幼儿展示一个清晰的角色划分，并说明游戏的步骤。要把警察在交通中的指挥、帮助路人，以及抓住坏蛋的过程都表现得淋漓尽致。在活动的过程中，教师会对活动进行后续的指导，使活动更好地进行。不管幼儿在玩的时候扮演什么样的角色，都能获得更多的感官经验，其教学效果将十分明显。

在幼儿早期教育中，通过对幼儿的角色活动进行选择，有助于提升幼儿的社交能力。幼儿缺少社交阅历，只知道"好人""坏人"，通过参与警方的角色活动，可以获得更多关于社会人的认识。在此游戏中，每个环节的操作，都能使幼儿得到一种心理的感受和体验，这是一种学习和成长。

（四）整合阶段，多维游戏教育特征

整合时期，是幼儿游戏教育发展的一个较高水平。在此阶段，教师以幼儿的发展需求为依据，融合各种游戏的特点，合理地整合多元的游戏资源。以游戏为主线，向纵深发展，从而成为推动幼儿情感和态度的主要教育动力，还可以提高幼儿的社会性和团队协作能力，并将其作为幼儿早期发展的一个主要途径和主要方式。

玩是一种集体行为，参与幼儿教育，不但能为幼儿提供快乐的机会，还能让幼儿更好地参与到各种形式的交流中，从而树立起相互帮助的意识。比如，在中班的"传球"比赛中，教师让幼儿分成两组，一组传一个，看看哪一组能成功地将球传到正确的位置。从这场比赛的开头，幼儿就在传球的时候，尽可能地为接球的小朋友提供方便。幼儿争先恐后，玩得既兴奋又有条不紊。提高幼儿的合作观念和良好的团队精神。

将游戏活动与思想教育相结合，让幼儿通过练习来发展其思维素质，使其不仅仅是一种消遣，更是一种重要的学习方式。幼儿在家里经常扮演"小皇帝""小公主"的角色，缺乏礼貌，在这样的活动中，幼儿可以通过各种方式互相帮助、互相包容，这对幼儿的心理素质有很大的帮助。

幼儿园的教育方法已经有了很大的变化，确立一种新的教育观已经深入到幼儿教育的课程当中，幼儿教学的游戏化成了教育的基本认知。以幼儿早期教育中游戏化的基本特点为基础，展开适合各个年龄阶段幼儿学习和成长的真实需要的课程，让幼儿在玩中学、在学中玩，从而推动幼儿的健康成长。

第二章 游戏生成课程模式与路向

第一节 游戏生成课程的"单维模式"

在全面推进素质教育的今天，对如何提高学生的学习效果提出了更高的要求。幼儿园时期的幼儿，年纪还很小，他们生性活跃，喜欢玩耍，对身边的每一件新鲜事情都充满了好奇。要想提高幼儿园教育的有效性，教师应结合幼儿的实际成长特点及他们的学习需要，有针对性地开展教育。而游戏式的教育方式，符合幼儿喜欢玩耍的本性，不仅能提高幼儿的学习兴趣，让幼儿积极地参与进来，还能提高教育效果。在实践中，教师要有效地应用生成性教学，将游戏活动与幼儿园生成课程相结合，从而加快幼儿的成长。

一、幼儿园生成课程的概述

作为一种重要的教育形式，幼儿园生成课程，近些年越来越受到教师的重视，在教育过程中的运用也用也越来越普遍。"生成课程"是指在教育游戏的过程中，教师以幼儿的兴趣爱好、实际需求和具体情境的相互影响为基础和依据，充分地利用现有的各项教育资源，做出准确的教学判断，并在适当的时候对游戏活动进行调整，通过这种方式，幼儿可以更好地了解一门以发展为导向的课程，更高效地学习。在幼儿园生成课程中，幼儿是学习的主要对象，教师会适时地激发他们的兴趣，适当地指导他们发现问题并提问，收集资料并解决问题。教师是活动的引导者和维护者，也是活动的创造者之一，引领幼儿向目标迈进。在实现幼儿园生成课程的过程中，要尊重其自发性的特点。生成课程并不是一种确定的，而是一种自然发生的过程，不需要教师去刻意地牵引，而应该由幼儿在过程中的需要和当下的教育资源来决定。

二、幼儿园生成课程的设置需要遵循的重要原则

（一）遵循幼儿身心发展的重要规律

在幼儿园中，课程建设是一项十分关键的工作，起到对幼儿进行思想引导、价

值观建立的作用，折射出现代化的教育理念。因此，在生成幼儿园课程时，教师们应该以现代化的教育观念为指导，将幼儿的身体和心理发展的客观规律为主要依据，进行科学合理的课程设计，并将其付诸到实际的工作中。

（二）体现幼儿园教育的特点

相对而言，幼儿园的基础课程有其独特之处。所以，要在幼儿园的课程生成体系中体现、明确出幼儿园的教学特色，以教科书为主要载体，高效地整合各种教育资源。在幼儿园阶段，根据幼儿园与幼儿的实际情况生成的个体化的教育与教学，既能推动幼儿的全面发展，又能体现幼儿园的教育特点。

（三）为幼儿和教师的发展提供有力的保障

在幼儿园的教育过程中，要有教师的积极参与，才能完成对幼儿的课程教育。教师是幼儿成长与学习的指导者，教师的专业素质与整体水平对幼儿的教育有很大的影响。同时，幼儿教师的整体素养与整体教学能力也会对其生成性教学的质量与水平产生直接的影响与限制。因此，幼儿园生成课程的设置要有利于幼儿教师的职业素养和教学能力的提升和发展。并且，生成课程的设置，要根据幼儿的学习能力、理解能力、学习基础、兴趣爱好等因素而进行。幼儿园生成课程要实现良性发展与可持续发展，必须以保障幼儿和教师的发展为前提。

三、幼儿园生成课程的"单维模式"的实施现状分析

生成性课程设计是促进幼儿全面发展的有效过程。然而，目前该过程仍处于摸索阶段，面临诸多问题，需要充分理解幼儿身心发展特征。

（一）幼儿教师对生成性教学的价值判断不够准确

幼儿教师对生成性教学的认知存在偏差，是生成性课程设计面临的首要问题之一。专业素质的不足导致他们难以准确评估生成性教学的价值，无法充分认识其在幼儿全面发展中的作用。缺乏深入的理论基础和实践经验，他们可能将生成性教学简单等同于自由发挥，而忽视了其中蕴含的对幼儿思维、情感、社会交往等多方面能力的培养。

（二）忽略生成因素中的教育价值

幼儿园教师普遍采用传统教学模式，忽略情境资料、教学方法与幼儿兴趣的关联，这导致了生成教育的价值被忽视。在传统教学模式下，教师往往扮演着知识的

传递者和引导者的角色，而幼儿则被动接受信息，难以真正实现主动学习和创造性思维。然而，生成性教学的核心是通过创造性的活动和情境设计，激发幼儿的自主学习和思考能力。如果教师无法将教学内容与幼儿的实际经验和兴趣联系起来，那么生成性教学的效果将大打折扣。

（三）教师对生成性教学反思能力不足

要想实施幼儿园生成课程，就必须对每次活动进行深刻的思考与总结，要及时地找出过程中问题与缺陷，并加以解决与改正。但是，从目前的教学实践来看，在生成活动完成之后，很少有教师会以幼儿在生成过程中的表现为依据，对幼儿进行反馈式总结，大部分教师只是重复地执行自己的教育计划和教育内容，这使得教师们在接下来的教育过程中，无法很好地应对类似问题。教师的生成式教学反思水平不得到提升，将最终导致教学效果的好坏。

四、幼儿园生成课程"单维模式"实施的有效措施

（一）以幼儿为主体实现生成课程

在幼儿园的教学过程中，幼儿的年龄通常在3—6岁之间，他们生性活泼，对身边的一切都有着很强的好奇心，往往迫不及待地要去尝试，他们难以克制自己的探索欲。如此，教师应从幼儿的角度出发，根据幼儿自身的特性，进行生成性课程的开发。

1. 从幼儿的兴趣方面展开

在传统的幼儿园里，由于幼儿年纪很小，所有的教育活动都是由教师来完成的，幼儿只需遵循教师的教学计划，参与相应的教学活动即可。幼儿在受教育期间始终被动地服从教师的指令，几乎没有与教师进行有效沟通和互动的机会，他们的积极性和主动性相对较低。但是，在进行生成课程的过程中，幼儿参加活动的兴趣和热情将被充分地激发和调动起来，他们常常受好奇心和探索欲的驱动，对身边的许多东西产生浓厚的兴趣。

正如一句俗话所说："研究最大的动机是兴趣。"在学习的过程中，因为有了强烈的好奇心，幼儿就会积极地、深入地学习。教师必须仔细地进行分析、评判、挑选出有利于幼儿学习与发展的内容，以他们的兴趣点为指导，及时地设计出相应的课程。在展开这门课程的过程中，不应该保持一成不变，应该根据幼儿的学习状况、发展变化、兴趣点的改变等因素，适时地对其进行调整和优化，保证幼儿参与课程的积极性，如此才能始终对课程内容持有探索欲和学习的主动性，才能将这门课程的重要性发挥到极致。比如，幼儿对解放军充满了敬意，他们对军队里的生活充满

了浓厚的兴趣，为此，幼儿园的教师们可以跟地方的军营展开沟通和磋商，得到许可后带领幼儿到军营里进行参观和学习，观看解放军打军拳、演唱军歌等活动。通过生成性的学习，幼儿不但可以开阔视野，增加见识，还可以提高自主管理的意识和能力，提高责任心。

2.从幼儿的疑惑点展开

在幼儿园阶段，因年纪比较小，他们的认知和理解能力相对较差，能够接触到的事物和人也相对较少，缺乏一定的生活经验，对许多事情都充满好奇，也经常会出现各种疑惑点。通过幼儿提出的问题，展开生成性课程的设立，从而促进生成性课程的顺利实施，保证课程的高效性。

（二）从生活环境出发，生成幼儿比较熟悉的课程

在国内，有一种"活教育"的观点，主张从大自然、从社会、从生活、从学习中，寻找学习材料。也就是说，让幼儿走进自然界、走进社会、走进生活，在实践中获得知识、获得经验。其实在幼儿熟悉的生活中存在着很多机会，教师应主动把握住这些机会，从而设置生成课程。比如，根据幼儿的真实生活场景进行的"公交车来了"的主题活动，这个活动场景的构建便以幼儿的日常生活为背景，在这个活动的过程中，幼儿学会了乘车的流程、乘车的礼仪和乘车的文明规范，加深了幼儿对公交车的发展历史和发动原理的理解，并在实践中积累了一定的生活经验，从而推动幼儿的发展。

（三）利用一些偶发的事件，生成课程

幼儿园的教师应该善于挖掘幼儿生活、学习中发生的偶然事件，并围绕偶然事件对幼儿进行指导和教育。在日常的教学过程中，经常会出现意外情况，教师要主动且及时给予处理，对于那些有教育意义的事情，教师要把握机会对幼儿进行指导和教育，使幼儿于事件中学到有用的知识，确保幼儿的健康成长。比如，外面起了沙尘暴，这种情况对于大部分幼儿而言并不多见，教师可以引导幼儿在室内、室外对其进行观察和体验，通过观察天空的色彩、沙尘暴的表现特点、道路上行人艰难行进的状况等，让幼儿学习到为什么会出现这种情况，以及如何应对这种情况。在让同学们学会这些东西的同时，还能树立起他们的环保意识，利用突发事件让幼儿去发现和解决问题，可以锻炼他们的应对能力、观察力，并获得更多的经验。

（四）教师积极参与其中，保证生成课程的顺利开展

相对于传统的教学模式，在幼儿园实施生成课程的过程中，需要教师的主动参

与外，并且需要教师具有一定水准的专业素质和专业技能。

1. 关注幼儿的成长，拉近与幼儿的距离

身为一名教育工作者，教师必须时时刻刻关注被教育对象，尤其是幼儿的成长与发展，必须强化对幼儿的观察、充分了解幼儿的特性、发现幼儿所喜欢的事物、把握幼儿的学习情况等，并尽量将幼儿的成长历程进行记录。

2. 重视经验的积累，加强对幼儿行为的引导

在幼儿园中，以幼儿的实践操作、亲身体验和直接感知为核心，保证幼儿既能掌握一些基础的文化知识，又能获得一些生活经验。作为一名在幼儿成长的过程中的引路人，教师要经常反思自己，对自己的教学安排和教学活动的设置是否能够帮助幼儿获得成长，是否能帮助他们获得成长经验等进行反思，也唯有在持续的自我反省和总结的过程中，教师才能够认识到自己在教育的过程中存在的优点和缺点，才能让自己的专业技能和专业素质获得进步和发展。

3. 从幼儿角度思考问题，注重幼儿的行动

幼儿园的课程计划不仅是一种行为，也是一种经验的累积。在开展幼儿园生成课程的过程中，教师要重视幼儿的实际操作、亲身实践和直接感受，站在幼儿的立场进行思考，什么样的课程才是最适合幼儿的？教师在活动中可以做些什么？这二者是否存在着某种联系？在活动的过程中可能会碰到哪些问题？幼儿能从中学到什么？在实施生成课程的过程中，教师要实刻关注幼儿的反应，并时刻调整课程设置。

4. 充分利用各种资源，共同构建生成课程

课程资源是将理念转化为实践的保证，从课程的设计、编制、实施到最终的评价与反省，都要尽量利用好所有可用的人力物力、等资源。在此期间，幼儿园教师要将社区资源、园所资源、家庭资源等多个层面上的资源进行有效融合，从而在幼儿园、家长和社会各界的共同努力下，形成并不断提高生成课程的质量，从而推动幼儿的全面、健康成长。

在课程游戏化教育思想的指导下之下，在幼儿园开展生成课程时，教师专业素质与专业技能将直接关系到生成课程实施的成效和品质。所以，在新的发展阶段，幼儿园教师要改变自己的教育观念，坚持从幼儿的角度出发，充分尊重幼儿的主体性，及时对幼儿进行高效的引导和辅导，充分地利用幼儿园、家长和社会的各种资源，采用切实可行的方法，提高生成课程的教学效能，推动幼儿的身心健康成长。

第二节　游戏生成课程的"多维模式"

高质量幼儿教育的本质，就是要让幼儿能够用自己喜欢的方式、方法进行学习，能够在独立玩耍的过程中，尽情地享受乐趣，构建新的经验，从而得到身体和心理的全方位成长。在幼儿园中，我们可以通过两种方式来进行课程设计：一种是通过游戏的方式来完成我们所要完成的任务；另一种是产生式课程的"游戏"，即通过对幼儿在玩中的认知、情感、技能、能力等实际发展状况的观察与分析，使幼儿在玩中获得"最近发展区"。然而在幼儿活动的多数时候，教师们已经习惯于将预先设置的课程和游戏进行明显的划分，这就造成幼儿学习和游戏活动的分离，以及学习经验的割裂。陈鹤琴在《全面性教育学》中，主张对幼儿应当学会的知识进行全面性和系统性的指导。通过对"游戏"到"课"的途径探索，构建"游戏"到"学"的统一情景，有助于打破"游戏"与"课"之间的隔阂。

一、游戏生成课程"多维模式"的发展要求

（一）幼儿的游戏与学习一体化是游戏课程化的基础

在幼儿的生活中，游戏、学习和工作都来自他们的心灵，它们是如此地让人着迷，如此地紧密相连。幼儿拿着彩笔，感受着各种色彩的搭配；用颜色各异的珍珠穿成一条手链或一条项链，寻求对称性的美丽和排列的规律；在游戏中，他们学会了如何建造和稳固房子；通过玩捉迷藏游戏，他们学习了建立和遵守规矩，同时也学习了如何观察其他人的反应。美国学者艾莉森·高普尼克（Alison Gopnik）在其著作《宝宝也是哲学家》中给出这样的解释："现实和想象、科学和想象，都是人类无法共存的两种不同的、相互对立的认知行为。但是，幼儿不同的是，现实与想象、科学与幻想是同时存在的相同认知活动，他们可以在学习和证实现实知识的同时，还可以想象与现实相违背的过去或未来世界。"认知科学家已经证实，即使是幼儿，也可以对这个世界进行各种不同的设想，并在他们的游戏方案中做出惊人的模仿。幼儿的"游戏"和"学"本是一回事，教师应因势利导从"游戏"到"开心地游戏"，再到"快乐地、充满信心地、富有价值地游戏"。

（二）课程的生成重视幼儿的兴趣

在幼儿游戏中，幼儿的兴趣为幼儿的深度学习提供了可持续性的动力。尽管会

持续在进行同样的游戏，但是在每一次游戏中幼儿的行为已经不再是最初游戏行为的单纯重复。幼儿的持续渐进成长，有的幼儿能够独立完成，但更多的幼儿需要教师的支持。教师可以在符合幼儿游戏意愿的基础上，设计出具有幼儿兴趣点的游戏课程。

（三）游戏生成课程要实现幼儿的个性化选择

"幼儿本位"既是幼儿成长的出发点，也是终点，应充分关注幼儿发展的需求。幼儿天生活跃，他们以玩耍的方式与外界进行互动，从而获取新的经验，这是每一个幼儿都会采用的一种学习方式。在幼儿园教师营造的一日生活情境中，幼儿的身心得到了很好的发展。然而，由于幼儿个体特征的不同，幼儿个体成长的历程也不尽相同，这反映出幼儿个体成长的需求也不同。在这种自主性的玩耍过程中，幼儿表现出了他们对于生活与学习的各种兴趣以及相互影响的水平。在自主游戏中，幼儿可以自主地决定要做的事情和如何做。在自主游戏中，幼儿会对未知的结果有浓厚的探索兴趣，而这种兴趣通常是个别化的，所以生成课程和创设的情境，要针对幼儿的差异性发展需要而进行，对幼儿进行个性化教育，使幼儿在玩耍中产生的课程成为幼儿个性发展的必由之路。

二、当前游戏生成课程"多维模式"发展存在的主要问题

（一）教师对从幼儿游戏中生成课程的理解有偏误

对于幼儿园教师而言，生成性课程并非一种全新的理念，但是因以下两个因素，教师并不愿意过多地实施生成性课程，这两个因素是：一是因为预设课程是一种长久以来形成的教学方式，要想转变这种方式，必须付出极大的努力。大部分教师都是按照所选择的教材来进行课堂活动。教师认为，所使用的教科书和教辅资料，使教师能够更好地了解每个活动的目的，并能更好地评估出活动的成效。由于教师的日常工作很多，没有多余的时间和精力去做好充分的准备工作，所以教师很少会去更改已选定的课程设置；二是教师错误地认为以游戏为基础的课程不利于全体幼儿的利益，将导致不平等的教育现象的出现。教师误以为只有在预设课程中，教师才可以把握活动目标、活动内容和组织，他们可以根据自己对教育目标的理解，对活动进行组织，从而达到对活动结果的掌控。而幼儿玩耍意愿具有随机性和个性化的特点，由此产生的玩耍活动也必然具有随机性和个性化的特点。例如，某一日，某一班的小孩，有的要去做小卖部的游戏，有的要去盖一座城堡，还有的要去和同伴下一盘象棋，小孩的游戏意向差别很大。许多教师都认为，这种个性化游戏生成课程会产生课程混乱，造成教学成果的无效或者低效性。相对于以整体发展为目标的预设课

程而言，产生课程只能提升个别或一小群幼儿的水平，对于另一部分幼儿而言，存在着较大的不公平。这种对生成课程的误解，导致生成课程的现实实施受到阻碍。

（二）观察记录缺少对游戏教育价值的反思

在与周围环境进行互动的过程中，幼儿的游戏行为会随着周围的环境发生变化，因此不可能将幼儿在游戏的过程中的每一个动作都进行完整的记录，能够被记录的仅仅是观察者认可的行为，而教师的经验、观念和兴趣都会在某种程度上影响着其观察和记录。根据对某城市 169 条游戏观察记录的文本的研究，发现其所体现出的问题是：首先，教师的游戏观察随机程度较高，对幼儿的游戏行为没有较强的阐释能力。其中 86% 的内容是基于教师对幼儿进行的游戏的正面评价，讲述的主要内容是游戏的结果。例如，有一个幼儿最终能做出一件作品，有一个幼儿能与同伴一起玩耍，有一个幼儿能展示材料的新方式。在这些类型中，以构建型和人物型为主，所占比例为 74.91%。在接受采访时，一名教师认为，看到幼儿构造出来的最终作品，教师应该根据幼儿的日常游戏水平，在记录中说的说说游戏的过程。而在幼儿玩的时候，例如在益智游戏的时候，必须仔细地对幼儿的个人进行仔细的观察，这样才能对幼儿的个性化行为有一个整体的了解；其次，对幼儿在游戏中生成问题情景这一最关键环节的记录，遗漏了幼儿在游戏中生成问题情景的整个流程。在对幼儿进行随机观察时，教师仅对结果给予积极的评价，并将其记录下来，而对过程则是通过反向推断和回忆来补充。这种观测报告失去了客观性和真实感，使得教师无法从中发现幼儿存在的问题，游戏教育的价值也没有得到充分地发挥、实现。

（三）教师引导幼儿游戏的信心和能力不足

教师在教育的过程中，应当"退位"，把玩耍的权利交还给幼儿，让幼儿自主玩耍，这是幼儿游戏的最基本需求。然而这让教师很困惑：当幼儿玩时，教师干预幼儿的活动，是否侵犯了幼儿的自主权？在实际的教育中，教师的应对方式主要有两种：一种是教师完全退出，即在没有出现安全隐患的情况下，教师完全成为"隐身人"。游戏开始前，教师会将全部的游戏材料都拿出来，让幼儿自由使用。幼儿也已经习惯于在没教师的干预下玩耍，游戏时，他们从来不会向教师求助。在教室的游戏现场，有的幼儿会反复地拿取材料，地面上已经堆积了许多拿来的材料，幼儿却无事可做；有些幼儿玩的毫无章法，他们会一直变换玩的主题，只要是人多的地方，他们都会去；而有的幼儿则是一个人待着。另一种是在幼儿进行游戏时，对幼儿的游戏行为进行干预，但是对幼儿的游戏行为进行干预的结果无法控制。有时候，教师的引导会使幼儿失去游戏的兴致，甚至不愿意游戏。某些时候教师的引导或许可以提高幼儿的游戏兴趣，但是却很难为幼儿提供足够的材料来支撑他们的游戏兴趣。比如，一名教师组织幼儿进行室外步行和自我观察，有一个幼儿注意到室外人工小河中的鹅卵石已经变成黑色，当他向教师报告的时候，引起了其他幼儿的兴趣，他们都抢着去观看。可随行教师并没有以幼儿当下的兴趣点开展游戏活动，而是指导他们做了另外两项活动。在活动中，幼儿的参与度与积极性明显不高。在召开园本研讨时，教师对此次事件给予了意见，但他们均无奈地认为，无论他们选择哪种指导方式，都难以找到适合幼儿学习的相关课程资源。

三、游戏生成课程"多维模式"发展的有效路径

寻求一种通过游戏观测来产生课程的有效方法，以此来提高教师在游戏中产生课程的专业化程度，这就要求教师要对现存的各类幼儿发展理论学派与幼儿园课程理论进行深入研究，并在理论与实际的过程间进行反复回顾，持续地进行自我反省和探索。在教学的过程中，教师要始终维持对理论学习的新鲜感和对实践反思的探究态度，并根据幼儿游戏与学习的实际需求，做出对课程实施的理性判断与选择。

（一）科学预设观察目标，增强记录中对游戏的教育价值思考

幼儿的自主性游戏为教师们提供了充分的机会，使他们能够更好地理解幼儿的学习需求和规律。因为在游戏情景中，材料、人物和环境都属于幼儿积极学习的目标，所以教师们就必须持续地对幼儿与他们玩的对象进行观察，并将其在游戏中出现的问题过程进行记录与思考。幼儿的游戏与学习的交融是基于幼儿自我行为的现实问题情景，这种交融不仅是一种自然的状态，更是幼儿成长与发展的重要途径。在这个过程中，教师扮演着至关重要的角色。首先，教师需要将幼儿游戏视为指导和生成课程的出发点，并积极参与到游戏中去，成为幼儿的游戏指导者。在幼儿游戏之前，教师应当记录游戏过程中出现的问题，并明确游戏的角度与目标，从而为游戏的进行提供指导。同时，教师还需关注幼儿的心理成长与教育理论知识积累，以提高对游戏促进幼儿成长的认识。为了更好地认识游戏的价值，教师需要从幼儿的认知、情感、个性、学习质量等多个方面进行思考和分析。在游戏开始前，教师应准备观察经验，与幼儿交流，了解他们的想法、愿望和构想，以促进幼儿学习思考和计划游戏。此外，教师还需要综合分析幼儿的成长目标、游戏意愿、个体经验和成长差异性需求，预测可能出现的问题路径，并提前设定游戏观察的特定目标。在对幼儿游戏进行观察和记录时，教师需要有目的地进行，确保记录内容主题鲜明、条理清晰、内容翔实、说明性强。这样的记录不仅有助于教师更好地理解幼儿的游戏行为，还能够为后续的教学活动提供重要参考。

（二）将幼儿在游戏情境下建立的兴趣与幼儿最近成长区相联系

幼儿参与活动时往往展现出跨越范畴的行为，涉及到另一种可能性的突破，从而丰富了他们的成长经验。在这个过程中，幼儿不受限于特定的规则或场景，而是展现出一种探索、发现的精神。这种跨越范畴的行为，使得幼儿得以接触到不同的知识领域，培养了他们的综合思维能力和创造力。与此同时，幼儿的兴趣与他们的成长领域密切相关，因此，教师需要进行客观、条理清晰的观察和分析，以指导下一步的游戏与学习。在面对游戏问题情境时，幼儿会有两种反应：一种是幼儿对自己所面对的问题有了了解，而且他们已有了一定的答案和解答方法，因此教师们只要从现实出发，协助幼儿进行游戏的探索就可以了。处于这样的游戏情境中的幼儿，通常都会对游戏问题产生强烈的探索欲和信心，并可以自发地建立起游戏兴趣与他们在某一领域的学习发展之间的关系。教师无须耗费过多的心力来培养幼儿的心态，只需在恰当的时机给予幼儿相应的物力与时间，协助幼儿进行探索活动即可。例如，放置一些辅助材料，以及一些相关的书籍等，帮助他们积累经验，同时还可以让他们学会比较分析的思维操作。也可以使用背景旁白式语言，来引导和点拨他们，让他们在游戏的过程中，及时整理对问题的思考，让他们学会边玩边想。例如放置相关的操作材料、书籍，或是作为一个并行同伴，作为对相关经验的补充性探索。另一种是当幼儿在游戏的时候，如果突然改变主题，教师会不厌其烦地对幼儿进行引导，不管幼儿需不需要帮忙。有调查显示，通常幼儿在进行某项游戏时，若其全神贯注的时间不足 30 分钟，则不会产生复杂的动作。教师们可以通过激发幼儿使用各种不同的好玩的游戏伙伴来参加到他们的游戏中，从而让幼儿重新获得对目前游戏环境掌控的自信，并在他们的游戏的过程中，陪着他们一起去提高对游戏环境的经验。教师们还可以跟幼儿讨论身边可以满足他们游戏需求的各种可利用性资源，并让幼儿跟他们进行互动。教师们持续地对幼儿重新开始玩游戏的问题情景进行跟踪和观察，指导幼儿在游戏兴趣和可能的最近发展区之间建立一种关联，让幼儿能够沉浸在一个深度的、与学习相关的问题情境之中。

（三）抓住生成课程的着力点，延展游戏情境与资源

在"游戏生成"的基础上，通过对幼儿进行游戏观察，找到它们的教学价值，从而为幼儿提供一个可以让他们进行探索的游戏过程。如此生成的课程兼有许多优良的教育特点：首先，认识到幼儿成长的出发点，对幼儿成长抱有很高的期望；在启发式教育中，要做到具有挑战性与支持性，要为幼儿准备合适的资源，支持幼儿的探索，并鼓励幼儿进行问题的提问与回想，等等。在此基础上，通过对幼儿游戏的问题情境分析，找出成长发展的出发点。教师通过对幼儿在游戏的过程中所产生

的问题情境进行观察，并对幼儿的实际操作水平进行分析，以最近发展区的教学原则为基础，来构建对幼儿进行深度学习的方法。其次，拓展对幼儿探索式活动的认识，拓展对幼儿探索式活动的支撑。将幼儿的游戏兴趣与课程资源及相关活动联系在一起，并进行系统研究，促进幼儿的玩耍和学习，促进幼儿的成长。而建立幼儿的游戏兴趣与活动和所生成的课程资源的联系，实质上是以幼儿在游戏环境中探索问题为主线，充实幼儿的游戏素材，扩展幼儿的游戏环境以支持幼儿的深度学习。同时，教师应当将自己的观察结果与幼儿的父母和其他教师进行交流，拓展和延伸他们的游戏环境，以获得更多的游戏资源，为幼儿在游戏中的各种可能性发展创造出各种不同的探索资源，以使每一个幼儿在游戏中都能够进行深度学习。

第三节　"游戏人"理论视角下课程游戏化生成的路向

一、"游戏人"理论视角课程游戏化变革的价值

（一）"游戏人"的思想追溯

在整个西方哲学的发展史上，赫拉克利是最早讨论游戏问题的人，后来柏拉图、康德、弗洛伊德、席勒，也都讨论过这个问题，这些人对该问题的认识与解决，都是赫伊津哈提出"游戏人"这个理论的源头，也是这个理论的一个依据。

1. 赫拉克利的游戏观

赫拉克利是西方哲学史上最早以"博弈"为主题的思想家。用他自己的话来说：宙斯在玩弄这个世界。赫拉克利的思想是残缺的，但是他的思维方式却可以从他的记忆碎片中找到。赫拉克利相信，世界的本原是活，它就像是一团燃烧着的火焰，充满生活的气息，它能够改变一切，让一切都发生翻天覆地的变化，它是宇宙中最重要的东西。从这一点来看，世界是一个充满生机的、持续变化着的活火，可以说，世界是幼儿通过游戏与体验而产生的，沉浸在游戏之中的幼儿可以被认为是世界的源头和起点。

很显然，按照赫拉克利的游戏论，世界是由小孩子玩出来的，那么游戏性就是在世界法则里面表现出来的。

2. 柏拉图的游戏观

在柏拉图的思想观念中，关于游戏的看法是支离破碎的，尚未成为一个完整的系统，即使是支离破碎的看法，也对后来的游戏研究，尤其"游戏人"的研究具有重要意义。有关他的游戏理念，主要从《法律篇》与《国家篇》这两本书中得出，

在这两本书中我们能够窥见他对于游戏的理解和思考。对于柏拉图来说，有了游戏的生活就像一场典礼，人类是上帝的玩具，上帝在创造了人类之后，就给人游戏的权利，人的生活离不开唱歌、舞蹈等仪式，在仪式中度过余生，得到神灵的庇佑。在这个游戏里，玩家可以通过身心双修，达到与诸神交流的目的。从他的角度，我们可以看到，游戏是一种很神圣的存在，它能与上帝进行交谈。在一定意义上，"游戏"等同于"仪式"。

在赫伊津哈的《游戏的人》一书中，原文引述了柏拉图的一句话："不论男女，都必须进行高贵的游戏，将游戏视为生活，唯有在生活中，歌唱、跳舞、游戏……神也会为他提供庇佑。"从这里可以看出，赫伊津哈继承了柏拉图关于游戏的观念，他同意"游戏"是一种仪式的观念，并认它有着不可冒犯的神圣性，因此，他开始反思"严肃"与"游戏"。

3. 席勒的游戏观

席勒的游戏思想是以康德关于"自由性游戏"和"美学游戏"的学说为依据而发展出来的。康德将"游戏"与"美学"相结合，阐明游戏的实质就是玩，人在游戏中逐步变得理智，康德的游戏思想对席勒的游戏思想产生了重大影响。席勒的游戏思想体现在："只有当人是完全意义上的人时，他才游戏；只有当人游戏时，他才完全是人。"他对游戏的重视源于康德对游戏的认识，即人分为性格和永恒的生存两大类；另外一个就是状态，它一直在改变。在一定意义上，个性就是把各种不同的个体都归于同一的个体。态是指在不断变化的情况下，由个人所产生的一种情感冲动。人格和状态是静止的，而形式冲动则是感性冲动，两者是一体的，如果两者分开，就会导致人类的分化，从而使人类无法获得真正的自由自在。

席勒提出游戏这一概念，目的是要化解形式冲动与感性冲动的矛盾，从而达到消弭这一矛盾的目的。这是由于，在这种情况下，个人能够感知到自由和生活、物质和精神，感官和形态欲望就会结合在一起，产生一种被称为游戏冲动的新欲望。席勒认为，完整的人将以上两个动机相统一，并将自由和被动、偶然和必然相统一，达到一种不但能够认识自己的局限，而且能够找到自由的境界，能够清楚地了解物理特性，并且能够找到自己的心灵特性。要意识到，这种融合和补充，能够解决人性的分裂和矛盾，从而使人性能够真正地脱离外界的束缚，进入一种自由的游戏境界，唯有如此，人性才能得以完全。席勒的游戏论，不但关心游戏论和人，而且更关心游戏论和美。席勒在游戏思想中将游戏划分为两种：一种是自然游戏，另一种是美学游戏。前者源于个人多余的能量，而后者则意在表明游戏的客体即是美。人们在进行审美游戏时，能够摆脱外部的强迫，得到身体和心理上的快乐和解放。而在这种美学游戏中，理智与情感的力量又互相渗透、互相融合，从而修补人类自身的裂痕。在这种美学游戏中，个人的主体自由得到充分发挥，这种自由极不受外部规则的限制，它可以被称为真实的自由，它有助于人们变得更加完整，从而达到人类的完整性。

从上面可以看出，席勒的游戏观念认为，艺术就是游戏，他从审美的角度深入和理解游戏的理念，从而揭示游戏的含义和实质，从他的观点中我们可以看出，人正是在游戏的过程中得到解放，人们可以在游戏中脱离一切功利因素的束缚，从而变成一个完美的人，从而得到对人类本性的修正，这一理念也得到赫伊津哈的传承。

4. 弗洛伊德的游戏观

弗洛伊德认为："孩子在游戏的时候，会产生一种被孤立的情绪，进入一种无我无物的境界。"在他看来，玩游戏时的孩子是一位有才华的创建者。孩子的成长是一个持续性的过程，因为年龄他们的各种能力具有一定的局限性，所以在现实中要实现他们的心愿，就需要大人的协助。但是在游戏里就不一样了，孩子们的能力远超他们的想象，很多事情他们都会自己去做。在游戏的过程中，孩子们会完全地沉浸其中，忘记自己。孩子们在玩游戏时，会沉浸在自己的幻想之中，获得自己想要的东西。

值得关注的一点是：弗洛伊德曾将孩子们的游戏与想象加以区别，他指出，孩子们的游戏与想象尽管存在一些共同之处，却存在着明显的不同。弗洛伊德在他的《论梦》中，解释了孩子做梦的特点，他说孩子做梦的特点有三：第一，孩子做梦时，欲望会在梦中得到满足；第二，孩子们的梦与他们在一天中的所作所为有着密切的联系；第三，孩子们的梦往往都是充满情感的。所以，孩子们的梦可以被认为是对未成之心愿的一种向往。弗洛伊德还指出，不仅孩子们可以游戏，大人们也可以游戏，只是他们的目的不同而已。可以说，相对于孩子而言，大人的游戏动机会更为丰富和多样，大人或许会追求更多的精神上的满足，而孩子则只是追求快乐，他们会在游戏中更轻松。虽然都是玩游戏，成年人会为自己的社会角色和社会道德所束缚，他们会因为玩的东西不符合自己的社会角色而感到惭愧，他们会觉得自己这么做会遭到社会的批评，因此对玩的东西会有更多的担忧，而幼儿则不是如此。

从弗洛伊德的角度来看，游戏就是一种以物易物的行为，用来实现自己的愿望。赫伊津哈继承了弗洛伊德关于游戏的理论，他认为游戏不是日常的也不是真实的，他与弗洛伊德关于游戏的理论联系在一起，形成了他对游戏的理解。

总之，因赫拉克利、柏拉图、席勒、弗洛伊德等哲人的思想，使赫伊津哈的游戏观念得到启发，并首次将游戏与文化发展相结合，充分认识到游戏的重要性，相信游戏可以促进人类的进步。

（二）"游戏人"理论视角课程游戏化变革的价值

人们对游戏这一概念提出各种主张，各种学说众说纷纭，使得它在实践中面临着一些两难境地。基于"游戏人"这一新视角，一是加深了对"游戏"这一概念的认识，二是有助于"游戏"这一概念在实践中摆脱困惑。

1.推动课程游戏化理论从分歧走向统一

（1）认可幼儿通过游戏的方式解放天性

"游戏人"的思想始终强调，人就是游戏的主体，通过游戏，我们可以对人类进行自我修补，进而使个人成为一个完整的人。游戏是幼儿的生活之道，其内涵主要有两个：一是幼儿爱玩；二是，要让幼儿玩。

卢梭在《爱弥儿》一书中说："关爱孩子，帮助孩子游戏，让孩子从游戏中得到乐趣，孩子不但会模仿，还会自己游戏，游戏就是孩子的生活。"因此可以说，在游戏中，幼儿能够得到更多的自由，更多的是对他们自身的一种肯定。也可以说，游戏是一种很圣洁的东西，谁也不能否认，也不能践踏。玩是幼儿最自在、放松的状态，不仅能够带来快乐，还能改善他们的心情，寻找到社会团体。幼儿以具体的形象思维为主导，在玩耍的过程中通过感知和行动获得意外之喜，这种方式最符合他们的发展需求。因此，教育与玩并不矛盾，而是相互补充的。教育的目的是促进幼儿的全面发展，而游戏则是实现这一目标的重要途径之一。推进游戏性教育要坚持游戏性，满足幼儿的游戏需求，为他们提供一个充满乐趣和启发的学习环境，从而促进其认知、情感、社会和身体发展的全面提升。通过这种方式，既能实现教育，又能解放幼儿的天性，让幼儿在游戏的过程中快乐起来，体验到游戏的意义。

（2）以游戏为手段，使幼儿回到现实生活中来

"游戏人"理论，尽管隐含将游戏作为一种与日常生活相区分的行为，但应当指出，这并非意味着游戏是与真实生活相脱节的。我们经常会看到，幼儿在游戏的时候，他们的想象力并不是完全自由的，他们的想象力来自生活，受其生活所限，这意味着幼儿的游戏可以在现实世界中发现原型。

首先，幼儿存在于现实世界中，幼儿的游戏是与幼儿的现实世界相关联的。在玩的过程中，幼儿可以获得一定的生活经验，然后，幼儿可以将这些经验反运用到玩的过程中，进而获得更加丰富的技能与经验。陈鹤琴以生活本真的视角论证了"玩"与玩的联系，并提出"玩"是幼儿从出生起就喜爱的，而玩就是幼儿的生活。其实，在《自由自在的孩子》一书中，不仅探讨了幼儿的玩，而且还强调幼儿会通过玩来构建自己的理解和世界。从这一点来说，游戏并不只是一种消遣，还是一种了解世界的方式和方法。幼儿将游戏视为自己的生活之道，而游戏则是幼儿的生活。其次，幼儿生活在游戏中，他们会变得更有精神。丁海东先生对于灵性的理解具有

独特的观点，他主张灵性不是天生的，也不是完全后天的，而是两者相融的本质。幼儿在玩游戏的时候，会有一种"迷狂"的感觉，这种感觉，会让幼儿快乐地长大。从孩童时期起，他们就参与各种游戏，他们不但会模仿，还会自动生成新的游戏，游戏就是他们的全部。在游戏中，幼儿能够得到更多的自由，以及对自身的肯定。幼儿在游戏的时候是最舒服、最轻松的，会得到更多的乐趣，既能改善幼儿的情绪，又能让他们找到自己的社交群体。由于受年龄的制约，幼儿的思维以具体的形象思维为主，同时，幼儿还能从直观的感受中获得意外的收获，这也说明了玩耍对幼儿的成长是最有利的。

（3）让幼儿通过游戏来建构自己的文化

从赫伊津哈的视角出发，他提出了游戏是存在于人与物的一种文化。特别是在人的生活中，文化是必不可少的，否则人们无法产生交流、无法思考。在幼儿的游戏之中，同样包含着幼儿文化，幼儿在游戏中学会知识，构建自己的文化。

由于社会有不同的阶层和民族，就必然存在着不同的、具有特色的文化。从本质上讲，幼儿文化隐藏在他们的精神生活中，幼儿的精神生活是他们的主体文化，当他们的精神生活呈现于外在的生活时，它就成了一种客观文化。

游戏是一种传承幼儿文化的方式和方法，幼儿的游戏离不开一些特定的游戏材料，这些材料让幼儿有了更多的安全感。幼儿使用这些材料，借助游乐活动，传递他们的精神。在不同的游戏中，所反映出的文化也不尽相同，比如在一个群体竞争的游戏中，会呈现出合作、竞争的文化特点。每一种类型的游戏都有其独特的表现形式。无论什么游戏，它都包含着幼儿的文化，它不但表现在游戏的进程上，更表现在游戏的材料和规则上，它凝聚着一种文化的精髓和智慧。

在一定意义上，幼儿文化对游戏的发展起到促进作用。在不同的文化背景下，幼儿所进行的游戏是不相同的，游戏只能在适合幼儿成长的文化背景下，才能得到发展。在课程游戏化理念的作用下，应尽量为幼儿创造一种具有开放性的游戏环境，让幼儿在玩的过程中自由地发挥，不受严格的要求限制，从而使其更投入。把游戏的权利还给幼儿，让幼儿的天性得以释放，让幼儿在尊重中游戏，在游戏中构建自己的文化。

2. 帮助课程游戏化项目走出现实困境

哥伦比亚大学于1938年成立了首个教育和科学研究学院。自那以后，泰勒原则就成为西方教育领域的主流。美国的"课程发展模式"是以泰勒原则为指导的一种"课程发展模式"。20世纪80年代以后，课程模式开始转向"对课程的认识模式"。在传统的教学模式下，本课程侧重解决教学内容的发展问题。

新的教育模式下，情况变得不同，它更像是一种象征。众多的学者开始从多个角度对课程这一概念进行探讨，并提出一些新的见解和认知，从而建立起一个相对完整的课程概念。在这一课程范式的作用下，人们从不同的视角论述游戏与课程的观点，从而产生"游戏课程化""课程游戏化""教学游戏化"的争议，并提出了一系列新的教学方法。

（1）由游戏者向教师中心转变

伴随着新课程的不断深入，新课程理念的不断完善，新课程下的要求也日益提高。从现有的教育实践来看，我们的教育已经从最初的"支配者""干预者""决定者"逐步过渡到了"观察者""组织者""记录者""引导者""合作者"。在游戏理念下，教师的作用是"隐匿"在幼儿的背后，在幼儿的游戏中"隐形"，从而支持幼儿游戏。在幼儿游戏的时候，教师给予其足够游戏的权利，并且要观察并记录幼儿游戏的整个过程，在游戏完了以后，教师再一次以幼儿的反馈为依据，对幼儿的行为进行真实观察，从而了解幼儿的心理世界。

据此，研究人员提出，教师与幼儿的作用是一样的，他们都是"游戏人"，也就是说，教师在适当的时候，也应当与幼儿一起游戏。赫伊津哈在其"游戏人"的学说中指出，在游戏活动中，必然会出现游戏社群。游戏社群是指在进行游戏时，由兴趣相近的玩家组成的一种集体。也就是说，在相同的游戏社群中，大部分玩家都会有相同的经验。由此可以看出，如果教师想要进入幼儿的游戏之中，就必须和幼儿一同玩，亲身体会幼儿在玩游戏的过程中的感受，体会他们玩游戏的快乐，并跟幼儿展开情感上的互动与交流，才能对幼儿的游戏有更深刻的了解，对幼儿有更全面的了解。

按照美国社会学者兰德尔·柯林斯提出的"交往礼节链"理论，第一，两人或更多人共同生活于一种环境之中，他们会相互影响。第二，给每个人设定一个区域，让每个人都知道自己是该区域的一分子。第三，在这个地方，人们往往会有一个他们共同感兴趣的目标，从而引起他们的沟通。第四，在这个地方，人们会互相分享和交换自己的情感和感受。卡西尔曾说过，人类在本性上是象征性的生物。柯林斯认为，符号性资本和感情力量是互动典礼中必不可少的要素，他指出："游戏社群的实质是一个基于共同利益而聚集起来的亚文化社群，社群中的象征交流与情感体验，都必须遵守交互仪式的规则。"在幼儿参与的游戏中，每个幼儿都具有自己独特的标识，而这种标识又是制约幼儿参与游戏的重要因素。可见，教师们要更深刻地了解幼儿的游戏。所以，教师必须扮演一个"游戏人"的角色，走进幼儿的游戏世界，和他们进行情感上的沟通和互动。另外，柯林斯对"情感能量"这一概念也给予了高度的关注，认为其实质是一种对文化身份的驱动，是个人所追求的奖励。所以，在幼儿游戏中，教师应该对幼儿游戏抱有更高的期望和热情，用一种认真、热爱的态度去参加，从而促进幼儿情感和谐发展。

总之，教师要认清自己作为"游戏人"的身份，合理地介入幼儿的游戏，在玩的过程中，和幼儿进行心灵沟通，和幼儿一起创建一个"游戏社群"。应当指出，"游戏人"说的"教师介入幼儿的游戏"，并不意味着教师要干涉幼儿的游戏，而应该以幼儿的游戏为主要目的，作为"游戏人"进入游戏区域，与幼儿一起游戏。

（2）游戏的情境：营造游戏的"显性"与"隐性"

所谓显性游戏场，是指以开放为特点的娱乐场地，其实就是一个可以让幼儿自由活动的地方。因此，在游戏场中，幼儿的各种需求都能得到充分满足，幼儿在游戏中可以得到充分发展。这种开放式的游戏场的特点是：第一，它没有任何的约束，这是一种无拘无束的自由活动，教师应该为幼儿营造一个无拘无束的游戏场；第二，游戏场必须是公开的，不应有边界，比如：游戏场里没有固定的规矩，允许幼儿发挥自己的全部能力；第三，要给幼儿足够的时间去体验游戏场，不但要给幼儿足够的时间去游戏，还要给幼儿足够的时间去体验，让幼儿在其中发挥最大的潜能。

隐性游戏场是指一种轻松愉快的、和谐的、娱乐的气氛。而在这种隐性游戏场中，角色与角色的关系是非常关键的。在幼儿园中，教师与幼儿是主要角色，角色与角色间存在着"自我"和"他我"之间的相互影响。在游戏的概念下，不管是师生之间的关系，还是幼儿与幼儿之间的关系，都是信任、尊重和平等的。正是这种牢固的关系，才可以在幼儿园中形成一个融洽而又有序的游戏氛围。在这样的情况下，幼儿的恐惧心理会减少，他们更愿意展示自己，发挥自己的本性，与教师进行平等的对话和沟通。所以，教师们要在教学中加入爱，要对幼儿有足够的了解和认可，要聆听和关心幼儿，要了解幼儿的真实生活。研究者提出，在适当的时机，教师应当对幼儿的玩耍进行干预，从更为直接的角度了解幼儿玩耍的情况。马丁·布伯相信，真正的人生始于"我和你"的邂逅，"我"与"你"之间不存在任何边界或障碍，而是"我"用全部的我遇见了全部的"你"。在这种情况下，幼儿才会毫无保留地投入到游戏之中，教师们也会因此对幼儿有更深层次的了解。

在由显性与隐性两种资源组合而成的游戏场里，人们可以互相交流，互相影响，互相联系。在博弈的过程中，能够让个人相互生成紧密的交互与交流，相互适应和协调，从而使幼儿从中获得最佳的游戏体验。

二、"游戏人"理论与课程游戏化变革的路向分析

（一）教育立场向幼儿立场转变

根据刘庆昌先生的观点，教育立场是指对于教育问题的一种看法，这种看法往往是基于对教育问题的理解而产生的。"游戏是幼儿的天性"恰好和"游戏人"理论

建立联结。由于教育立场的转变，因此，"幼儿观""游戏观""课程观"都将产生相应的变化，本节将分别从以下三个角度说明。

1. 幼儿观：尊重幼儿对游戏的热爱

在幼儿园，幼儿是主体，所以，教师必须了解幼儿，如此才能引导幼儿的行为。可以说，一个教师对幼儿的认知程度，将会对他的幼儿观产生直接的影响，又会直接影响到他的教学活动，进而影响到幼儿自身的成长与发展。

（1）幼儿爱玩

游戏与幼儿从来都是不可分割的，两者之间存在着紧密的关系，游戏是幼儿的天性，幼儿在游戏中得到乐趣。

实际上，赫伊津哈在其著作中对于游戏的界定很笼统，但是对于幼儿的游戏却有具体的阐述。幼儿天生是游戏者，并且他们在游戏时十分专注，他们的行为只受他们自己的意志所驱使。

因此，对于教师而言，有必要保护幼儿的游戏权利。玩是每个幼儿的自由，是幼儿享有的一项非常重要的权利，在对幼儿玩闹权进行回归的过程中，如何保障幼儿游戏的权利，是一个复杂的问题。在现实生活中，游戏的倡导者究竟应当偏向哪一方，其选择所造成的结果常常对教育过程产生巨大的影响。因问题发生在幼儿身上，会有很多不受控制的事情发生，教师也会担心无法达到教育目的。假如游戏由教师所主导，那么它所设定的目标与规则，多半都是源自教师的想法，无法确保它与幼儿的利益和需要相契合，幼儿即便是不喜欢也必须去玩，最终会出现一种幼儿被游戏支配的情况。由此可见，如何在游戏与教学之间找到一个平衡点，是一个很大的问题。在课程游戏化的改革中，其路径应该进行如下改变，以使幼儿能够更好地获取更多的游戏权利：第一，游戏材料要丰富，要使幼儿能够从中挑选出自己所喜欢的；第二，幼儿可以自行结成小组，选择自己的同伴；第三，幼儿在玩耍中具有自主权，可以自由地选择游戏项目；第四，如果幼儿没有了游戏的兴致，也可以不参加游戏。

（2）幼儿具有主动学习的能力

就像陈鹤琴所说，幼儿也是一个正在成长的人，他们同样值得受人尊重。素质教育理念提出在幼儿发展的过程中，拥有发展潜能的个体，每个人都有自己的特性。在意大利的"瑞吉欧系统"里，幼儿都是有自己的想法的，他们会做出自己的决定，然后按照自己的想法实施和学习。李老太太也提出了类似的观点，她相信幼儿是有学习能力的，幼儿可以利用自己的能力去学习。可见，上述观点均证实，幼儿是有发展潜质的，他们会利用这无尽的潜质进行学习。

首先，幼儿的学习是非常积极的。亚里士多德认为，孩子天生就有一种对知识的渴望。在游戏这一概念下，幼儿可以通过玩来建构他们自己的知识，可以在与外部环境的交互中进行学习，幼儿热爱游戏，在游戏时会完全沉浸其中，主动地进行着研究。他们值得被尊重和了解。

其次，幼儿具有自我发展的能力。正处于成长过程中的幼儿，迫切地需要得到大人的关爱。成人要对他们的潜能有信心，在进行游戏时，幼儿通常不会被限制在一种固定玩法上，他们会扩展出很多新的思维，会使用各种各样的游戏材料。要对他们的探索力与创造力有信心。在进行游戏时，幼儿通常不会被限制在一种固定的玩法上，他们会扩展出很多新的玩法。在课程游戏化的推动下，教师会被幼儿的游戏精神折服，会看到幼儿在游戏中所展现出的创意，认可幼儿的自我发展的能力。

2. 游戏观："自由""创造"精神的体现

（1）把"自由"作为课程游戏化的本质

课程游戏化最大的特色就是它的自由度。游戏不受限制体现在游戏的内容和游戏的规则等方面。可见，在这种自由自在的情况下，幼儿可以自主地选择游戏内容，而不会受到任何外界因素的影响。赫伊津哈在"游戏人"的理论中，对游戏实质进行阐述，他指出游戏是一种自由的、自愿的行为，游戏的概念也是一种"游戏"，幼儿可以自己选择游戏内容、游戏方式、游戏时间、游戏地点。不过马克思曾经讨论过"自由"与"制约"的问题，认为"制约"与"自由"是一种辩证的统一。赫伊津哈也指出，一场游戏如果破坏了游戏规则，那就不能称为游戏了，游戏的进程是要按照游戏规则来进行的。这种"游戏性"，一般表现为以下两点。

首先，幼儿游戏的意愿自由的，游戏内容、游戏地点，都是由玩家自行决定的。这种游戏从实质上讲，往往不受外部的约束，更多地注重幼儿自身，从而也有助于幼儿得到内心的自由；此外，幼儿还可以按照自己的兴趣，进行自发游戏，表达自己的游戏愿望，并将其融入游戏活动之中。其次，在幼儿的游戏实践中，表现出幼儿游戏的自由性。在课程游戏化理念的不断深入之下，幼儿在玩的时候，能够根据自己的实际状况和需要，对游戏规则进行修改。

（2）体验和创造的思想在游戏中体现出来

幼儿对游戏有一种恒久的喜爱，一旦他们进入状态，他们会专心，且沉浸其中，享受其中的快乐。幼儿玩耍时往往十分专心，好像任何外在的因素都不能够影响到他们，他们完全沉浸在游戏之中，表现出一种忘我的状态。赫伊津哈认为，孩子们可以从游戏中得到幸福的体验，而幸福的体验也会促使孩子们再次去游戏。

自由自在的游戏可以激发创新。赫伊津哈认为，游戏是一个不断更新和创新的过程，游戏本身就包含"反复"的要素。在课程游戏化变革中，幼儿超越限制，突破规定，用自己的方式和方法，在游戏中不断地超越和创新。总而言之，在课程游戏化的概念中，无不彰显出自由的精神和创新的精神。

3.课程观：课程渗透在一日生活中

（1）中心思想是"相信幼儿"的新课程观

首先，我国的课程观念正在转向相信幼儿。在学校的课程改革中，幼儿在学校的地位得到极大的提升。其次，要坚信幼儿具有建构课程的能力，幼儿就是建构的对象。在游戏中，教师应该密切跟随幼儿，寻找幼儿的经验，并将其与幼儿的成长相结合，从而推动幼儿的成长。教师将各种教研活动转向游戏，寻找游戏与各学科间的连接点，建立起它们之间的关系，并在游戏中产生新的教育内容，形成一个良性的循环，从而构建出一个新的课程。

（2）"一日生活皆课程"的过程观念

"一日生活皆课程"是幼儿园的一个主要理念，也是对幼儿园课程进行引导的核心理念。幼儿的认知是简单而直接的，在游戏中，他们会对大自然有更为深刻的了解。因此，教师要为幼儿创造一个放松的活动环境，幼儿在日常生活中经历的事情都会成为课程的一个主要源泉。

另外，受到课程游戏化思想的影响，课程贯穿于日常生活的每一个环节，生活的每一个细节都包含着课程内容。

（二）教育重心向幼儿的游戏体验迁移

"教育程序"这个词用得相对宽泛，它包括一系列的教学行为。从总体上讲，教学的过程主要有：教学方法的过程、教学内容的过程、教学组织的过程、教学评价的过程。然而，在课程游戏化理念影响下的教育过程有着自己独特的特征，通过游戏来进行组织，与一般意义上的课程存在着差异，包括游戏方法、游戏内容和游戏评价。

1.游戏内容

以游戏为基础的课程观，更多地关注幼儿与游戏物质之间的交互，让幼儿进入游戏，在游戏中成长。对于全身心投入到游戏中的幼儿来说，他们对游戏中存在的种种不确定性因素进行了一遍又一遍的体验，并从中得到学习成长。因此教师在设定游戏时，需要关注游戏是否具有体验性。

在新课程背景下，游戏时教师应逐渐给予幼儿更多的自主权，尽可能地为幼儿提供简单的、可操作性强的、种类丰富的游戏材料，为幼儿营造一个轻松愉快的氛围，为他们的玩耍打下坚实的基础。如此幼儿才会把自己的经历融入到游戏之中，在游戏中进行探索，对游戏提出挑战和创造，并以当下的现实条件为基础生成新的课程。

程学琴认为，幼儿在游戏的时候，会在不知不觉中得到许多的技能和知识，并且能够将其通过多种方式运用出来。在课程游戏化改革中，游戏应该不再是简单而清晰的，而是要注重其创造的特性，突破传统知识与体验的界限，和幼儿建立一种联系。在幼儿玩的过程中，可以对其进行思维训练，将这些分散的东西，重新组合在一起。

2. 游戏方法

（1）让幼儿自主探索

从某种意义上说，游戏课程的游戏性是一种将游戏的权利彻底还给幼儿的道路，该理论指出，幼儿的体验比教科书的内容更有价值、更有意义。

无论是幼儿本身的生活，还是幼儿所处的环境，都与他们的认知经验有着紧密的联系，总是在为他们提供最丰富、最真实的游戏素材，教师应相信幼儿，并给予他们最大的自由，让其自主探索。自主探索是教学的一种很重要的方式。

（2）师生间的交流

在课程游戏化过程中，教师赋予幼儿尽可能多的自主权，但是，这种自主并不是一种完全意义上的自由，尽管教师们已认识到自己的角色应该向后撤一步，并在实际操作中实施，但仍然要为幼儿提供必要的协助。通常情况下这种协助表现在玩游戏时，教师要和幼儿有很好的沟通，并在沟通中建立起对彼此的信心。

3. 游戏评价

从实质上讲，游戏评价是对幼儿进行的一种多元评价，包括对幼儿的意义、价值、能力等不同层次的评估。评价方法的灵活性很高，评价的标准也会根据不同的情形而变化。

（1）幼儿的自主反思，提高动态性评价

游戏的评价并不能作为判定幼儿能否在玩中获得快乐、获得成长的一个重要依据。许多情况下，幼儿会在游戏时或者游戏结束后进行自主反思。在课程游戏化理念的深刻影响下，游戏评价将会变得更具有客观性、连续性，更加注重幼儿的经验。

（2）将游戏评价和学科建设密切地联系起来

这就意味着教师要对游戏的过程中的幼儿进行全方位的观察和记录。在游戏结束后，教师是否能拥有一套完整的对幼儿监督的记录，这些记录可以反映出幼儿的状况，也可以反映整个教学过程。这将会对课程实施的评价、课程建设的水平产生影响。在一定程度上，教师对幼儿的观察程度将直接影响课程评价的客观化，而这种客观化的过程又是一个关键环节。

（三）教育内容中游戏与课程更加平衡

1. 辩证地看游戏与教育之平衡

由于幼儿园的游戏是有空间的限制的，幼儿的游戏范围和游戏材料是有限的，所以幼儿园的游戏与现实游戏是不一样的。幼儿园是一个教育场地，其最终目标是让幼儿能够得到相关的教育。显然，在幼儿园的教学中，并没有片面地注重游戏所产生的娱乐性。从这个角度来看，这个扩展性的改变，也是对教育的一种反思。然而，当教师被限制在一定程度的教育立场上时，他就无法对教育做出合理、客观地分析和评判，从而导致教育价值和享受价值之间的失衡，也就会导致幼儿的学习和成长成为一种机械化和不合理化的行为。

作为"混沌"理论的代表，布鲁斯认为，过程与结果之间并不是一种不完整的、不连续的、不稳定的关系，因此，在特定的教学环境下，教师如果将"线性"概念应用于幼儿教育，使用僵化的教育手段，将妨碍幼儿的成长。

把幼儿与生活密切结合起来的、带有文化色彩的教育观，在某些方面，与陈鹤琴、陶行知等人的关于幼儿的教育生活理念是一致的。只有将游戏作为幼儿的一种活动方式，才能建立起一个自由的游戏理念。

杜威说过："教育之外没有其他目的。"就像游戏是一种教育，除了玩，并没有什么特别的用途。可是，它真的没有别的目标了吗？事实上，答案是"有的"，前提是这个目标不是成年人所强加的目标，而是幼儿的人生目的，是幼儿在玩耍中获得的人生经验。

在非常重视教育方式和方法的前提下，教师要做到游戏时进行适度的介入，游戏后，要进行反思，从而辨别教育方法的运用是否合理，是否有需要改进的地方。但要注意游戏不是教育的完全手段。相对于规范化的发展，自主性将使教育具有更高的动态性，可以将教育深入到幼儿成长的过程中，幼儿才能获得更加全面的发展。

2. 积极地玩：建立幼儿对游戏的掌握性关系

既要在认知上进行统一，也要在特定的教学环境下，考虑幼儿如何进行游戏，幼儿需要怎样的游戏。

首先，要想让这种掌控联系真正地存在，就需要对时间进行适当的调节。因为在时间上，幼儿游戏表现出了规则化的特点，游戏变成了一项强制性的规则，幼儿在其中并未起到真正的主导作用，他们仅仅处于一种被支配的状态，游戏早已不是他们的游戏。因此，要打破规则的桎梏，就必须给予幼儿更多的游戏时间，给予幼儿游戏的自主权，让幼儿自由地玩。幼儿的玩应是一种很随意的活动，不应该是一种有组织的固定活动，教师要做的就是把幼儿引入游戏中，让他们全身心地去体会游戏带来的乐趣。

其次，要改善幼儿的游戏环境。在过去的教学中，教师们对幼儿游戏的空间更多的是注重如何营造出一个适合幼儿玩耍的情境，并一厢情愿地认为自己构建的情境是幼儿喜欢并需要的。但是，这样的实践忽视了幼儿的情感需求。只有离开了时间和空间的限制，幼儿拥有足够的自主权，这样的游戏才有意义。

（四）教育过程朝着追随幼儿而转向

在实践层面上，以游戏促进幼儿园教学质量的提升。通过对课程生活化、经验化和过程化三种途径的探索，可以发现其对幼儿园的发展起到了积极的促进作用。

1. 追随幼儿的游戏

福禄培尔认为，童年时期的游戏是幼儿成长的最佳方式，游戏是幼儿心灵的流露。儿时的游戏可以滋养一个人的生活，也可以治愈一个人的一生。

皮亚杰认为，"在其开始阶段，所有的思维行为都会伴随着玩耍的进程"，并认为玩耍是幼儿成长的中心环节。如庄子所言，玩以外无他情，幼儿的玩是单纯的，没有任何外物的追逐。陈鹤琴也认为，玩的最直接的目的，就是找到快乐，这对幼儿的身心发展有很大的帮助，对幼儿的成长具有无法衡量的意义。总之，玩是幼儿幸福的来源，玩不但可以为幼儿提供幸福，还可以为幼儿提供一种体验和思维。

2. 追随幼儿的自主

杜威认为，幼儿始终处于不断地成长与发展之中。幼儿拥有成长的潜力，为教育提供着无限的可能。

在一定意义上，课程游戏化的改革要求对幼儿的独立性进行绝对地保护，让幼儿在一个独立的环境中成长。就像杜威说的，"幼儿是中心，教育应当围绕着这个中心"。只有把尊重和理解幼儿的观念融入课程中，才能使课堂充满生机，才能促进幼儿成长。每一个幼儿都有对游戏的不同的渴望，所以，教师要尊重幼儿的需要，激励幼儿的游戏精神。

第三章　幼儿园游戏化课程的优化路径

第一节　幼儿园游戏分享环节

一、概念界定

（一）分享

分享是一种由个人和另一个人共享一定的资源，从而给另一个人带来利益的行为。分享的内涵有两个方面：①分享是一种对人的情感和感受，是一种享受的过程；②分享是指在两个或更多个成员组成的群体内进行的活动。相对于其他的亲社会行为，分享是一种以共享、互利为特征的行为。

（二）游戏分享

游戏分享是我国在长期的幼儿园游戏活动中所特有的一种方式，它起源于游戏评价、游戏讲评等理念，邱学青将这一过程命名为"自主游戏讲评"，并给出了明确的定义："就是通过对孩子们自主性游戏的观察与理解，指导孩子们对刚刚发生的一系列活动进行讲述、讨论与分析，使孩子们化零为一，分享他们的成功经验，纠正他们的错误经验，发现他们的不足之处，以便为下次的自主性游戏做好物质与经验上的积累。"这个定义和当前"经验分享"的含义非常相近，它从"评价"向"分享"转换，说明分享活动的对象已经从教师变成幼儿，反映出"幼儿中心"的理念。

在此基础上，笔者将游戏分享定义为：在对幼儿游戏进行观察和理解的基础上，通过对幼儿游戏的叙述、交流和分析，让幼儿在游戏中建立起的个体经验在群体中传播，为下次游戏的展开做好材料和经验的储备。从广泛意义上讲，它可以因时因地，在任何有必要的情况下进行。

（三）游戏分享环节

秦元东、王春燕等人则从更广泛的角度出发，认为游戏的分享交流环节可以在区域活动开始、中间、结束、集体活动等任何需要的时候开展；从更窄的角度来理解，就是在某一次活动中，教师会在某一段落或接近尾声的时候，让幼儿聚在块或每个人都会在自己选择的某项事件上，相互交换成果，共享幼儿的各种经验。

二、我国游戏分享之名的由来

游戏分享在中国最初的名称是游戏评价、游戏讲评、游戏点评，一些学者把游戏后评估或讲评看作一种引导作用。邱学青把自主博弈之后的一段时期称为自主博弈的评论，并对其下了一个清晰的界定："对孩子们自主性游戏的观察与理解，指导孩子们对刚刚发生的一系列活动进行讲述、讨论与分析，使孩子们化零为一，分享他们的成功经验，纠正他们的错误经验，发现他们的不足之处，以便为下次的自主性游戏做好物质与经验上的积累。"这个概念明显已经关注到幼儿在讲评中的主体性，并进一步说明由于评价强调了教师的权威性，故使用"讲评"代替"评价"。教师与幼儿间有一种评与被评的单向性，而讲评是一种双向性的，是一种师生之间的互动，我们可以让幼儿以"讲"为主，也可以让幼儿以"评"为主，教师在课堂教学中起着引路人的作用，而幼儿则是课堂教学的主要参与者。所以，从"游戏评价"到"游戏讲评"的过渡，并不只是一个称呼上的变化，其中还可以看出，在这一过程中，幼儿的权威正在被削弱，幼儿的主体性正在形成。

进入 21 世纪后，"总结讨论"和"自主交流""交流活动"和"游戏分享"等新理念逐渐取代以往的"游戏评价""游戏讲评"，它们的提出标志着幼儿在游戏分享中的角色转换，从而产生一种崭新的师生关系。韩承义、茅红美、徐则民等人认为，这个环节的最后一个阶段，就是要让幼儿主动地进行沟通，主动地表达自己的情感，一起解决困难、分享喜悦，让幼儿有充分的表现机会沟通、学习；刘焱建议，应该让幼儿在玩完游戏后，进行一次交流："这个讨论的过程既是一个交流的过程，同时也是一个指导孩子们去寻找和解决问题的过程。"桂青红和王春燕将这一阶段称为共享和交流阶段，是指教师和幼儿、幼儿和幼儿之间的一种互动，幼儿之间可以共享各自的成果，也可以交换各自的经验；顾春燕和王晨蕾将这一阶段叫作自主交流，它区别于以往以教师为主的自上而下式的沟通，它更多的是以幼儿为中心；郑晓玲将游戏的最后的一个阶段叫作游戏分享阶段，她说："游戏分享阶段，也就是我们通常所说的游戏讲评阶段，就是让孩子们互相交流、分享游戏中的经验，并对游戏中存在的问题进行分析和探讨，这是促进孩子游戏发展的一种主要方式。"徐则民把这种游戏后的活动称为交往活动、游戏交往，或分享交往。游戏结束，幼儿也许还没有玩够，他们还在享受着从游戏中获得的快乐。他说："教师可以将游戏后的共享交流看成是孩子们游戏的一部分，让孩子们在游戏中获得自主权和乐趣，让孩子们可以自由地谈论他们喜欢谈论的话题，他们喜欢怎样谈论就怎样谈论。"

游戏讲评与游戏分享分别是对幼儿与教育的两种观点。讲评强调的是"评"字，即在教师的引导下，对幼儿的游戏活动做出正确的评价，幼儿通常处于被动地位；

而分享强调的是幼儿与教师在游戏的过程中的情感体验、问题冲突、故事情节等方面的交流，幼儿处于主动地位。

如今虽然许多学者仍然沿用"游戏讲评""游戏评价"这样的术语，但是，从这些术语中我们可以看到，评价和"讲评"在含义上已经改变很多。刘志清提出"角色游戏讲评"应实现的五大转型：由"随意"转向"针对性"；由强调成果转向强调过程；由注重技术到注重才艺的过渡；由"教师主导评价"向"师与幼儿共同评价"转化；由"单一评价"向"多元评价"转化。在幼儿园的实际操作中，有些学者重视幼儿在游戏评价中的主体作用，把它看作幼儿与教师、幼儿与幼儿之间的一个相互分享和相互交流的过程。

总的来说，"游戏分享"一词在我们国家是由"游戏评价""游戏讲评""总结讨论""自主交流"等理念演变而来的，从这个理念的演变可以看到，教师们的理念也在发生着变化，从一开始教师对游戏评价的主导权，转变到后来教师对幼儿在游戏分享中主导权的怀疑，再到后来教师对幼儿在游戏分享中主导权的认同。

三、游戏分享环节的价值

根据高宽课程的有关学说，回顾时间之存续，其意义重大，一是提升幼儿的思考、语言、阅读与写作技能；二是让幼儿对所学习的知识进行回顾、思考和应用；三是"幼儿既是叙事人，又是星星"，如果他们可以允许同伴对自己的记忆进行补充，同时自己对同伴的叙述进行补充，这样的话，整个过程就成了一种共享；四是回顾是"计划—工作—回顾"的一个环节，有助于建立师生间的依存关系。在项目活动中，回顾与分享不但在活动启动与探究期起着举足轻重的作用，对活动完成亦有相当重要的意义。通过这样的方式，可以让幼儿在与同伴、教师和家长的交流过程中，将新的知识进行内化，从而提高自信心，培养进行思维能力的良好习惯。高杉先生认为，"从游戏中得到的触动和成果，不应仅限于个人，而应与他人分享"。正是因为有了分享的人，也就有了可以接受在游戏中得到灵感和发现的同伴，让他们可以持续地开发新的游戏，并持续地迎接新的挑战。在收集、整理了国内的相关文献后，可以看出，我国学者对于游戏分享的评价有如下几个方面：

首先，游戏中的分享行为对于游戏自身的意义。有些学者认为，在游戏后进行交流，有助于教师在游戏后及时发现问题，促进游戏后活动的顺利进行。例如，平婷指出，在整个游戏的过程中，游戏分享就像一幅画龙点睛的场景，会让幼儿在下次的游戏中更加投入，从而在游戏中发现更多的问题。缪维缨同意，一个好的角色游戏讲评可以"使游戏的题材与剧情的发展与幼儿的整体能力发展，形成一个互动、互相促进的向上发展"。

其次，重视幼儿的游戏及共同参与。邱学青主张，在幼儿开展自主性的过程中，第一，通过对幼儿的自我评估，引导幼儿总结并共享体验，使幼儿玩得更充实；第二，可以提高幼儿游戏的兴趣，提高幼儿的自信心；第三，提高幼儿的综合素质，例如：语言、思考能力、道德等。吴远扬提议，在评价的过程中，通过对幼儿创新活动的激励与赞扬，可以有效地促进幼儿的游戏欣赏能力；万绍和认为，通过游戏的方式，可以提高幼儿"玩"的兴趣；平婷则认为，在幼儿的游戏中，分享活动对于幼儿的优良素质发展有着非常关键的影响；邱学青认为："在每个活动之后，教师的辅导很关键，它不但能够引导孩子表达他们在活动中的情感，还能够让幼儿通过与别人的对话和讨论，将他们所得到的分散的经验整理成一个整体，并且新的经验、新的认识也在这个过程中不断地积累。"徐则民与洪晓琴的实验发现，玩中的交际有助于幼儿厘清自己的经验、拓展自己的经验、改正自己的失误，等等；汪天水认为，角色与组合类的游戏，对于幼儿的语言与思维、对角色的选择、对审美、对数学知识的教育，都有着非常大的作用；沈丹从"经验分享""问题解决""情感体验"三个角度剖析了"创意游戏"在学校的作用；邱学青说："孩子们在这种游戏的气氛中，要想说、愿意说、敢于说、喜欢说，在和其他教师的沟通中，他们不知不觉地学会用语言来获取信息、理解别人、组织自己的思维，并培养他们形成倾听和表达的好习惯。"

最后，本研究探讨了游戏与共享之互动行为对于构建师生间和谐的师生关系的意义。桂青红与王春燕认为，通过这一系列活动，可以让教师对幼儿有一个更深层次的认识，从而对幼儿进行更好的引导；戚燕华相信，在这样一种平等的交流活动中，"教师和学生共同参与、收集活动信息、交流活动经验、共同解决问题，并可以共同分享对方的喜悦，从而提高孩子对生活和学习的兴趣"。

通过分享的方式，实现游戏与教学的有机结合。邱学青认为，在游戏结束之后，教师与幼儿就一个或几个幼儿感兴趣的话题开始讨论和沟通，这样"不但可以让所有的孩子都能在相同的情境中相互了解，还可以为教师节省大量的时间和精力，从而实现将游戏与教育结合起来的目的"；姜娟芳觉得，共享的游戏更是一种游戏的精神，其实质就是在游戏之中，超脱于形式之外和内容的精神，是一种人能够控制自己活动的自由生活方式，也应该是一条贯穿于整个幼儿园教学过程和各个活动环节的主要线索。

四、游戏分享环节的开展

在"大班课"的重温环节，小朋友与教师或同伴组成一组，把自己玩过的故事讲给教师听，这个时间 10 至 15 分钟。瑞吉欧课程注重用笔记的方式来让幼儿在课堂上回顾自己的思维，这些笔记包含幼儿的活动照片、幼儿的言语和教师的注解等。

（一）教师主观评价和讲评

当前国内针对幼儿游戏教学的相关文章很少，仅有几篇。这个阶段仍然存在重课轻玩的观念，对游戏的评估主要集中在好与坏、像与不像等方面。此外，这个阶段对游戏的评估也没有给予充分的关注。华爱华认为，游戏之后，并不一定要进行一次游戏评估，而是要视游戏的结果而定。

丁海东认为，每一次游戏结束后，都要让幼儿对游戏进行讲评，这种讲评可以由师生一起进行，或者由教师独自进行。"这场游戏的重点就是要对游戏内容和孩子们的表现做出简短的、适当的评价，要对那些表现好的孩子进行称赞，同时也要将他们在游戏的过程中存在的缺陷指出来。"一些研究者认为，在组织和指导游戏的过程中，教师要充分发挥自己的领导能力。在游戏完成之后，教师应该及时地对游戏展开评述，对玩得好的幼儿给予激励，并将其存在问题找出来，并对下一次的游戏提出一些要求。闵传华认为，在进行游戏评估时，教师要对孩子们的行为进行指导和评判。刘俐敏表示，在游戏讲评中，"幼儿讲评占很大的比重，……他们对问题的认识和理解的深度和广度都是有限的，所以，如果只是根据幼儿讲评来判断，那么老师的评价就会显得很不完整，也很不准确。"郝和平认为，成人对孩子们的游戏进行了太多的干涉，把自己的思想放在孩子们的思想之上，从而使孩子们丧失了思考，违背了初衷。而教师在对幼儿的游戏进行评估的时候，并没有关注这一点，那么评估的结果必定不够准确。

（二）游戏分享时期：重视幼儿的体验，研究内容更加丰富

刘焱、冯晓霞等人认为，当前中国幼儿教育发展的新趋势其核心在于："尊重幼儿、积极主动的学习、个性化的教学、以游戏为本的教学、以生活为本的教学。"在此阶段，幼儿教育的主要特点是：第一，强调幼儿在游戏中的主体性；第二，根据幼儿各年龄段的特征，设计相适宜的活动，并进行互动活动；第三，游戏分享更加灵活、更加科学。

1. 关于游戏分享内容选择的研究

邱学青对游戏分享之内涵与目标做了较为详尽的阐述：一是让孩子们分享新的想法与成功经验，激发孩子们的创造力，重视孩子发现问题的能力；二是根据目前存在的问题，尤其是冲突集中的地方，为孩子们提供一些可以讨论的主题，让孩子们能够用自己的方法来解答问题，注重孩子们的解题技能。黄进说："这不仅是一种认识、一种体验，更是一种情感、表达的轻松，这就是共享的本质。"倪焱翻认为，促进幼儿沟通与分享的重要资讯，包括自然知识、人文情感、人际关系、热门主题；邱惠评认为，幼儿沟通活动与分享活动的主题应该具备与幼儿"最近发展区域"相

一致的主题、被幼儿普遍接受并能被幼儿共同体验到的特征；陈少敏认为，适宜群体分享的个体体验也应该是趣味化的。通过问卷的方式，汪天水发现，在教学活动中，教师最关心的问题是如何克服困难、如何运用新的教材、如何提高体验。沈丹根据观察发现，在中班的幼儿中，创意游戏的评价主要是人物功能和社会原则。

2. 关于游戏分享具体策略的研究

首先，在实施教学活动时，应根据幼儿的独特性，采取不同的教学活动方式。邱学青相信，在游戏完成之后，教师可以采用下列方式来交流——图片描述法、情景讲述法、角色反串法、对话法、在线游戏评价法。郑名从"反应型""互动型""情感型""创意型""参与型"等五个方面对游戏进行评估。黄进觉得，分享的方式要有灵活性，既可以是个人，也可以是团队；既可以有语言沟通的形式，又可以有表情动作的形式，还可以有肢体接触的形式，以及对艺术的鉴赏等形式。桂青红与王春燕则认为，在地区间的分享与沟通，可以采取团体的模式，也可以采取整个园区的模式。洪燕娟建议，可以让"小教师"先做讲评，然后是团体讲评，也可以与幼儿的自评相结合。徐则民和洪晓琴也指出，许多情况下，教师可以通过团体的方式让幼儿在游戏和分享中更好地参与互动和讨论。陈俞英建议，教师在进行游戏的时候，可以根据游戏的情况，选择集中评估型、就地暂停型和随机移动型三种游戏地点，而就地暂停型则是在游戏的过程中发生意外时所使用的。此外，钱婧瑛还提出，在游戏性评估中，教师可以自由地选择复现、抛掷和回响三种形式。范秀娟认为，幼儿在游戏的过程中所能感受到的愉悦心情，并不一定要有特定的分享内容、地点和方法。周科则主张运用现场访问的方法进行构建是比较行之有效的方法。林少玲为大家提供了一个崭新的交流方式，即每周一到周四是分区现场交流，周五则是选取一些有代表性的案例进行群体交流。

是否必须在游戏结束后才能分享？黄进和洪燕娟对此提出了自己的观点，即游戏分享可以分为"游戏之前""游戏之中""游戏之后"三个阶段。陈晓娟认为，在幼儿玩的时候，教师可以扮演一个玩家的角色，来引导幼儿，避免因为幼儿的遗忘，或是表达的不清楚，使幼儿偏离实际情况的教学。戚燕华也觉得，在玩的过程中，教师的加入，除了可以避免幼儿在玩耍的时候忘了该做什么动作，也可以给他们情感上的鼓舞和技巧上的协助。

其次，在教学的过程中，教师要主动帮助幼儿参与。郑晓玲相信，在教学的过程中，教师应注重增强师生间的交流与分享：用教师与幼儿之间的"一对N"的交流取代"一对一"的交流方式，通过猜谜等其他形式的活动来拓宽交流的范围。牛万花认为，教师应改变游戏分享的理念，将"一对一"的交流方式转化为"一对全体"，把"教师与幼儿之间的交流"观念转化为"教师与幼儿之间的交流与合作"，把"幼儿与教师"的交流转化为"幼儿与幼儿"的交流。徐则民认为："最重要的，就是让孩子们用大脑去思考、用嘴巴去说话，教师在安排年龄大一点的孩子们进行沟通的时候，要用耳朵去倾听，然后提出问题：你懂了吗？他到底说了什么？还有人想起来吗？"钱敏和郑晓玲建议教师可以利用儿歌或者提问等方式，让其他幼儿在接下来还有更多的机遇。

再次，激发幼儿的兴趣，增加幼儿的体验感。邱学青主张，在教育的过程中通过"对话性"，促进幼儿体验的升级与拓展，将幼儿体验从个人体验延伸到群体体验。她还建议教师使用诸如"是什么""为什么""怎么办"这样的问题，引导幼儿更好地表达自己的观点，帮助幼儿学习更多，提升幼儿的兴趣和解释问题的能力。她还主张，幼儿的共同游戏活动应当就某一问题展开深度探讨，这样才能使幼儿获得更多的体验。倪焱翮建议，教师应当在角色游戏的互动上下更多的功夫，使幼儿学习到关爱、谦让、分享的美德，形成健康的生活习惯，让幼儿拥有良好的规则感和协作精神，并关注他们的个人成长。缪维缨认为，"在心里存有一个清晰而具体的游戏目的，在眼里存有一个生动而又真实的游戏进程"是激发幼儿的兴趣、增加幼儿的体验感的两个有效的前提。

最后，在游戏交流的过程中，教师要恰当地使用自己的语言。于向阳认为，在进行游戏交流时，教师要注意不要使用单调而又空泛的话语，要结合幼儿的实际情况，运用幼儿感兴趣且接受度高的话语来总结、点评幼儿的活动。夏青提出，在进行讲评的时候，教师要用一个幼儿喜欢的问题来引出第一个人的讲评，然后从他的答案中找到另一个切入点来设计下一个问题，这样就可以很好地将这个问题进行下去，从而顺利地进入下一个人的发言。平婷建议教师运用开放性问题与启发性问题，激发幼儿对于游戏的思考。

此外，在进行游戏分享的时候，教师要牢记自己所面对的是幼儿。邱学青建议，课后的研讨，教师应谨记三点：研讨的主要对象是幼儿，研讨的结果没有优劣，研讨要有侧重。平婷在教学中提出了"三个避免"，即关注幼儿的参与程度、关注幼儿的兴趣、关注幼儿的习惯，要避免一视同仁的做法；强调幼儿在垂直发展上的差别，以避免水平上的差别；要强调幼儿的主体性，要避免自制型。

3. 关于不同年龄段游戏分享环节组织方式的研究

中大班幼儿在发育程度及年龄特征上有一些差异，所以在开展幼儿间的共同玩耍时，要注意这些差别。在时间长度上，徐则民与洪晓琴均认为小班以 5 至 10 分钟为宜，中、大班时间为 15 到 20 分钟。

孙晓红建议，在活动结束时，教师应该根据幼儿的年龄特点进行引导："就小班而言，主要是养成孩子们的游戏习惯；在中班，教师应注重指导幼儿进行自我反省，以深化幼儿对自身角色和相互关系的认识，从而提升幼儿的社交技能；在大班，主要是通过引导孩子们思考，来帮助孩子反思游戏中所涉及的问题，从而提升孩子们在游戏中的创造力以及自我评价能力。"谭静提出在游戏评估方面应注意几个问题：一是在小班课上让幼儿把握自己的角色，二是在中班让幼儿相互交流，三是在大班让幼儿不断创造自己的角色。

关于如何进行游戏分享，苏靓给出了她的建议：小班，教师可以通过场景重现来引导幼儿回想游戏中的场景，并注重培养幼儿的某些基础人际沟通技巧；对于中班的幼儿，教师可以通过照片回顾、幼儿讲述、实物观察等方式，根据早期掌握的游戏热点，让幼儿一起分享和交流他们的游戏经验。在游戏的过程中，教师可以给幼儿更多的自主权，引导幼儿讨论和解决问题。刘雅琴针对大班幼儿的年龄特征，提出"图片回顾法""录像展示法""成果观察法""情景表演法""奖赏法"等方法；交流与共享方式、记录与评论方式、激励方式的选择、伙伴选择法，适合中班幼儿；互评法、新闻报道法、访谈交流法，适用于中大班的幼儿。周科认为，"抽丝剥茧"的方法更适用于小班，"抽丝剥茧"法是通过对幼儿进行一次又一次的分析、一次又一次的指导，并对幼儿在不同角色扮演过程中的表现进行详细的分析，使幼儿能够更好、更快地进入整体游戏之中。关于师与幼儿之间的游戏分享，陈俞英建议，小班以教师与幼儿之间的互补性沟通为主，而问答式互动交流，以中大班为宜。此外，缪维缨也提出，对于中、大班的幼儿，可以通过语言或记录的方式，适时地对其进行评价。

根据对国内相关文献的整理，我们可以发现，在组织和实施游戏分享环节的过程中，已经有研究者从分享内容的选择、分享的具体方式、不同年龄班级的游戏分享方式等方面展开过相应的论述；然而，对于游戏分享的时长、内容、策略和价值，缺乏系统性的阐述，而对于教师与幼儿之间的言语互动的讨论则显得太过笼统。

五、游戏分享环节开展中存在的问题

（一）时间较少，分享效果不理想

当前，幼儿园对于开展"游戏分享"的重视程度并不高，教师往往"例行公事"，致使"游戏分享"活动的开展出现了"挤压"现象。有研究表明，在幼儿园中，游戏分享环节主要是在游戏结束以后，而且分享的次数非常少，分享的时间仅为十几分钟。首先，如果没有一个固定的时间，幼儿很容易就会忘记自己的存在。因此，在玩耍中出现的某些问题和现象很难引发幼儿的深思，幼儿在玩耍中出现的某些好想法和创意，由于得不到及时的回馈，也就失去了。

另外，如果教师留给分享活动的时间太短，可能导致很多幼儿没有分享的机会，一些幼儿无法充分地表达自己的观点，进而导致分享活动只是走过场，毫无意义，无法达到分享所要表达的效果。

（二）教师主导，幼儿参与热情低

已有的调查表明，在目前幼儿园的游戏分享活动中以教师为主，幼儿通常处于被动的状态。原本应该将重点放在对幼儿游戏想法的理解和对幼儿游戏情感的了解上的活动，教师却对游戏的教学功能给予了过分的关注和强调，这导致很难将幼儿的主动性、积极性完全地激发起来。有一些调查显示，在进行游戏分享的时候，教师往往关注于游戏规则的执行，注重游戏规则和对作品的展示，而忽视了对有价值的问题或对幼儿体验的探究。因为幼儿的口语表达能力不强，他们不能很好地描述出自己的想法，若教师不能及时地捕捉到幼儿在游戏时的真实想法，那么在进行游戏分享时，就会把教师的总结强加在幼儿身上。教师通常会用言语来表述幼儿在玩游戏时出现的问题，以及他们所表现出的行为。然而，教师看到的那些过于片面化，这就造成幼儿在玩游戏时产生某些现实问题，以及有意义的思维难以"被看见""被听见""被关注"，难以发挥其在"分享"环节中的作用。经常被主导、被忽略，容易让幼儿丧失参与的热情。

（三）个体经验，难以引起集体共鸣

因为幼儿的生活经验和他们的认知程度都不一样，所以他们在游戏中遇到的问题和想法也是不一样的。只有具有共同性的话题，才会引发幼儿的情感回应，否则幼儿很难参与到该话题的探讨中去。所以，以个体经验为主提出的集体分享无法引起所有幼儿的兴趣，通常只有很少的幼儿会主动地加入到这个过程中去。

六、幼儿园游戏分享环节的优化策略

（一）灵活组织调控游戏，营造双向互动氛围

在游戏过程的各个阶段，游戏的重点可以是不同的。开展游戏之前要向幼儿讲解游戏材料和游戏玩法，在小班课上主要以教师指导，在中、大班课上，可视具体需要对游戏进行调控。对于游戏中新设置的材料，有些幼儿会很感兴趣，有些幼儿则不会产生任何兴趣，也有些幼儿注意不到材料的变化。基于上述考量，在进行游戏之前的分享时，教师要将游戏规则和游戏资料作为重点，向幼儿展现出新材料的使用方式和情景，通过这种方式，可以使幼儿对游戏有一种直观和清晰的认识。比如，在"小医院"中添加了一台电子秤，教师只需向幼儿解释这种秤的功能、使用方法，再简单地说明这种秤在游戏中的使用规则。在这个活动中，幼儿可以扮演一

个领导者的角色，教师则扮演一个观察幼儿智慧和体验的角色。在游戏中，幼儿经常会有新的想法，而要想让他们的想法得到表达或者得以实现，就必须有其他幼儿的回应或是帮助。新的概念、新的游戏想法，要在适当的时候得到交流与共享，所以教师要在游戏的过程中，在适当的时候组织共享。当幼儿在玩完游戏之后，如果他们能够在这个过程中获得一定的游戏经验和情感体验，就有可能产生新的问题或者产生新的游戏想法。这个时候，教师可以再组织一次对游戏的交流与共享，具体内容包括重复并修正游戏的规则、探讨问题的答案，以及展现游戏的成果等。在进行游戏分享活动的过程中，教师应该着重为幼儿营造一个良好、平等、双向互动的语言交流环境，让幼儿有充足的时间，去聆听他人的困惑、想法及收获，并对他人提出的问题展开一定的思考。

（二）引导幼儿深入讨论，丰富拓展游戏内容

1. 关注幼儿的认知冲突点

在进行游戏的过程中，幼儿经常会产生各种不同的问题，其中一部分原因是幼儿对游戏的规则和要点不了解，而更多的原因则是幼儿在游戏中所得到的体验比较琐碎、零散、匮乏、不完全正确，幼儿的游戏体验不能支撑他们进行深入的游戏。以"小吃店"为例，小朋友对于烹饪有浓厚的兴趣，于是都到厨房去忙碌。因为没有服务员，所以小客人进入小吃店点餐后，没有得到想要的食物就走了。久而久之，一些小顾客不再光顾这个小吃店，许多幼儿也对这个小吃店渐渐地失去了兴趣。在游戏之前，教师们应了解幼儿的认知状况以及他们的经验程度，这样就可以更好地将幼儿的参与热情激发出来，促使其能够以自己的方式，从多角度去解决问题，并且能够在生活中得到更多、更全面的经验，成为独立的问题解释者。因此，教师在"小吃店"的课堂上，可以引导幼儿进行深入的讨论和互动，培养他们发现和解决问题的能力。

2. 关注幼儿行为的疑问点

幼儿游戏的时候，会碰到很多与游戏有关的问题，这些问题会影响游戏的进程。若不能有效地提高幼儿的游戏积极性，就会使幼儿游戏陷入一种僵化的状态。在游戏过程中，教师要及时地与幼儿进行游戏分享，这样才能帮助幼儿解答他们在游戏过程中遇到的问题，助其获得更多的游戏经验。比如，平日里人来人往的"小医院"游戏区，怎么会一个"病人"都没有？为什么他们在建构区结束后，都不愿意帮忙打扫？这个问题不会出现在所有的区域，也不会每天都发生，但是当这种问题发生的时候，就会让整个游戏陷入停顿，无法合理地进行下去。此时，教师可以通过游戏分享活动，让幼儿意识到问题的存在，并且协助幼儿采取积极的措施来处理问题。

3. 关注幼儿兴趣的聚焦点

对于幼儿不再感兴趣的游戏，教师需要及时关注，并根据现实情况进行创新。对游戏进行创新，不仅可以扩大游戏范围，还可以丰富并扩大幼儿的经验。在已知的故事无法再继续展开的情况下，应通过创作新的故事来充实游戏内容。教师要追随幼儿在游戏剧情中产生的新想法，为其提供支撑。

【案例】车胎进水

第一场雪过后的一个早上，小班小朋友在玩车胎时，发现车胎里有水，于是赶紧向教师寻求帮助。

小朋友甲："老师，这儿有水，我们不能玩。"

教师："怎么会有这么多的水呢？"

小朋友乙："当积雪融化的时候，就会有水。"

教师："那么，我们怎样才能排出车胎中的水呢？"

在教师的引导下，幼儿能迅速想出创造性的办法，如用海绵吸水、用毛巾擦拭等方法。教师再要求幼儿去寻找像海绵、纸巾、抹布之类的东西。当幼儿给轮胎排完水后，教师鼓励幼儿展开自己的思考，探索轮胎的玩法。幼儿能想到许多不同的游戏方式：滚动、搭建一个迷宫、将一个轮子做成一张小凳子。由一开始的"想"，到最后的"要"而向教师求救，此项活动包含三大议题：雨是从哪里来的？如何排出突然出现的水？车胎在无水状态下能做什么？这是解决问题的一个持续、渐进的逻辑发问法。

幼儿在玩耍中产生的新创造力，就是幼儿在面对问题时产生的某种解决思路。它能够让幼儿学会自己去思考，通过交流，引导幼儿更好地解决问题。所以，在适当的时候，教师可以对游戏中的活动进行干预，并积极承担起主题分享、讨论组织者的职责，对有价值、有意义的主题给予足够的回应，引导幼儿共同去发现新的游戏创意，并找出解决问题的方法和途径。

（三）尊重幼儿的个性表达，灵活运用分享策略

1. 不断追踪的提问策略，培养幼儿的表达能力

教师可以采取循序渐进、深入发展的提问策略，持续地对幼儿的游戏行为进行跟踪，这样就可以对幼儿的游戏行为和游戏经验有一个整体的了解，可以对幼儿的游戏行为给予及时的回应和帮助，可以对零散而琐碎的游戏经验进行整合、深化、扩展和重组。教师要为幼儿提供一个充分表达自己思想的机会和舞台，让幼儿关注到游戏中的真实问题，让幼儿自己去解答问题，逐渐变成一个独立思考的人。而封闭的问题，会拖慢幼儿的思维。教师要使用开放性提问、启发式提问等辅助对话的

策略,将问题还给幼儿,并协助他们详细地解释游戏情境,其中包含了他们在游戏中所遇到的特定问题,或他们在游戏时的情绪体验。教师可以提出,比如你们都参加了哪些游戏、你是如何打发时间的、有没有在游戏中碰到什么麻烦、你有什么建议。在低结构性和高开放性的共享式游戏会话情境下,以上问题可以有效地激发幼儿对游戏问题的记忆,并进行经验的转移。在此基础上,教师应根据幼儿在游戏中所表现出的新想法,为幼儿提供可持续的游戏材料。

2. 小组和班级集体分享相结合

在游戏过程中,幼儿会面临各种问题,有的问题是幼儿自己可以察觉到的,而有的问题却不容易被幼儿发现,因此就需要教师给予指出,由幼儿自己找到问题。在游戏结束之后,幼儿要使用对话的方式,来解决问题。幼儿的共享活动可以是班级的,也可以是小组的。在小组讨论中,幼儿可以充分利用主观能动性进行讨论。群体共享能够可以有效地解决普遍存在的问题,从而增强共享的有效性和广度。教师可以用语言、表情、动作等多种形式,来激发幼儿在游戏中对探索实践和操作的经验和记忆,并鼓励幼儿分享在游戏中所碰到的问题。通过分享,幼儿可以就游戏中所遇到的一般性问题进行探讨,促进幼儿共同思考,以达到经验共享。通过分享自己的经验,倾听别人的经验,幼儿丰富了游戏经验,促进对游戏的探究,为还没有进入游戏的幼儿提供前期的经验,从而将自我经验拓展为群体经验。

3. 借助可视化的记录形式

可视化的记录形式是幼儿语言记录的一种重要手段。教师可以通过录像、图片、现场观看,再现游戏的整个过程,帮助幼儿更好地回想游戏剧情。在中、大班,教师可以给幼儿更多的自由,他们可以一起讨论,也可以自己去思考他们在游戏过程中遇到的问题。教师应鼓励大班幼儿用图画、手势或书写的形式来记录下他们在活动中的精彩时刻。通过游戏分享,幼儿可以用文字,也可以用图片、手势、动作等方式,更深入地说出他们在玩的过程中得到的经验或碰到的问题。在游戏记录时,每个幼儿都有自己的视角:有的幼儿着重于描述自己的游戏经验,有的幼儿着重于诠释自己的设想,不同的参加者的游戏体验是不一样的。通过幼儿的记录,教师可以全面地掌握幼儿的想法、遇到的问题、游戏感受等,从而有针对性地进行指导和协助。

七、已有研究的不足和未来研究方向及趋势

(一)已有研究存在的主要问题

通过对上述研究的整理我们发现,要想游戏分享环节有效进行,需要解决以下

四个问题：

第一，在游戏中，教师具有权威地位。第二，教师的问题过于程序化，导致幼儿对游戏的评估变得肤浅。教师常常会问："你在游戏中是否很快乐？""在游戏中有什么问题吗？"这种程式性问题仅能引发教师与幼儿的简单沟通，但若没有教师的合理引导，幼儿的经验不会提高。第三，在教学的过程中，教师尝试着对每一个问题都进行解答，多个问题的浅尝辄止式的问答，无法真正地从根源上解决幼儿遇到的问题。第四，在进行分享活动时，总有一部分幼儿游离于分享交流之外。

（二）未来研究的方向和趋势

在我国，从"游戏评价"到"游戏讲评"再到"游戏分享"这一过程可以看到，教师对游戏的理解在逐渐发生着变化，并逐渐认可幼儿在游戏中的主体性。许多学者和一线教师对游戏分享环节的概念、开展形式及分享价值进行解释，但大多以策略和建议的形式呈现，研究内容较为分散，缺乏系统性。

其中一些非常重要，但已有的研究并没有对其进行探讨，这也是未来有关幼儿游戏分享的新趋势：

1. 游戏分享内容涉及的领域经验

虽然游戏分享是关于幼儿游戏的讨论，但在游戏分享中的讨论能否实现对幼儿领域经验的渗透？

2. 游戏分享环节中教师回应语言的运用

比如，在幼儿讲述自己的经验之后，教师应该怎样做出回应才可以帮助幼儿整理他们的零散的经验，从而推动幼儿新经验的产生？

3. 游戏分享环节的特征

"游戏分享"是一种既可以作为"游戏"又可以作为"教育"，还可以作为"非教育"而存在的独特的活动方式。

尽管当前对幼儿游戏与教学活动的研究还在继续，一般都认为教学是幼儿教师组织保教活动的中心，游戏是幼儿的天性表现和一种重要的生活方式，而游戏分享有助于幼儿整理和提高自己的经验，抒发自己的特殊情感与发现，这应当是游戏与教学的一个很好的结合，但实际上，在国内的幼儿园中，游戏分享这一环节并没有得到广泛的关注，特别是在理论研究方面，研究不够深入、系统，只有少数的表面性经验总结。

第二节　幼儿园游戏化课程的影响因素

一、聚焦当下：提升幼儿园教师专业素质具有现实的紧迫性

（一）契合时代背景，幼儿园教师专业发展势在必行

在我国，学前教育已步入一个快速发展时期。从实践角度来看，幼儿园教师的专业化发展还存在一定的问题。2012 年，《幼儿园教师专业标准（试行）》正式发布，其中明确幼儿园教师职业发展方向，明确其职业发展所需的知识与技术，为其职业发展提供可借鉴的路径。根据有关观点，应该加强对幼儿园教师的培养。《新时代幼儿园教师职业行为十项准则》是在 2018 年由国家教育部颁布和实施的，它是一部以"立德树人"为核心的新教材。这表明，提高幼儿园教师的专业素质是必要的。

（二）着眼园所现实，提升教师素质成为重要课题

例如，遂宁市船山区北辰街园（北辰街园）现有教师中约有 2/3 为自聘教师，且大部分都是青年教师。有些青年教师在教学工作中的经验和专业素质有待提高。

二、解读分析：课程游戏化助推幼儿园教师专业成长具有很好的实效性

（一）明晰内涵，知特征

游戏是幼儿在一个特定的时间和空间中，按照某种规律，带着愉悦的心情，自发地、自愿地进行的一种有秩序的行为。游戏化课程就是把教育目标、内容和要求与各类游戏融合在一起，把游戏和教育有机地融合在一起，把幼儿作为活动和发展的主要对象。

游戏性的特征主要表现在两个方面：一是在教育的过程中融入游戏性精神。以课堂为游戏厅，以教学内容为游戏机，使教育与游戏形成相互促进的关系，使幼儿和教师既是游戏的参与者，又是游戏的创造者；二是将游戏和教学融合。在幼儿园教育中，游戏和课程始终是两个中心。过去人们习惯性地将游戏仅仅看作一种教学手段，而没有意识到它同样也是教学目标。

（二）课程游戏促变革

在提升幼儿园教师的专业化水平方面，课程游戏化不仅是一个机遇、一个挑战，在进行游戏的同时也在提升着教师的专业水平。

陈鹤琴认为，游戏是孩子的一种精神特质，"游戏是孩子的劳动，是孩子的生活，在一定程度上，孩子们的各项能力都是通过游戏而得到的"。因此，在幼儿园的一系列教育中，都必须围绕"玩"这一中心环节展开。然后，能够给予幼儿足够的、有效的、促使幼儿在游戏中得到优质发展的教师的能力，是对教师职业素质的全面反映。因此，在促进教师专业发展中，游戏与教学的重要性是显而易见的。

三、深化制度：提升幼儿园教师的游戏精神具有发展的自主性

游戏精神是一种从游戏中提炼而出，并加以整合与体现的心理素质，其主要体现在自由与自主、愉悦与参与、体验与探索、平等与包容、开放与创新等精神中，是一种积极向上的人生态度。而那些缺少游戏精神的教师，他们对幼儿游戏的过程高控化和功利化，这对幼儿自主性游戏的发展造成很大的阻碍。

要提高幼儿的自主性，就要有"玩"的精神和"自我发展"的意识。为此，在发展"游戏性"的过程中，幼儿园要利用各种途径来提高幼儿的游戏性技能。一是以培训班为载体，改善认知层次。开展面向"幼儿游戏""个性化教学""课程建设"的专门训练，根据不同层次的具体需求，制订不同层次的培训计划，并与各级专业人员深入交流，实现训练目标。二是通过读书拓宽知识面。通过团体与个人的读书活动，提升教师的幼儿观念与课程观念。三是强化专业建设的内容。在捕捉有价值的话题—思考、讨论—形成课程—进行反馈和调整的过程中，教师能够持续地积累自己的课程意识，并锻炼自己的设计能力。四是以幼儿园为中心，改变幼儿园的教育观念；通过对案例的分析、对问题的分析、对经验的交流，使教师于"思"中发问，于"研"中厘清思路，在做中学，在做中领悟。

四、"五学"课程：助推幼儿园教师专业发展具有智慧的创生性

北辰街幼儿园在游戏的大背景下，为了让教师更好地发挥其"支持者""观察者""引导者"和"协作者"的角色，积极探索"五学"教学模式，以促进教师的职业发展。

（一）"五学"课程模式内涵及特点

1."五学"课程模式内涵

对经验主义、人本主义、建构主义进行吸收，对现有的教育方式进行反思与探

索，最后，根据皮亚杰、维果茨基、瑞吉欧等人的幼儿观与教育观，以幼儿为中心，以游戏为主导，以情境创设为出发点，以操作体验、师幼互动、扩展迁移为基础，使幼儿能够真正地进入游戏之中，真正地将"游戏即学习、学习即游戏"这一时代化主张付诸实践。

（1）用"激学"的方法调动幼儿的学习动力。幼儿的思维特点可以分为两类：一类是具体形象的，另一类是感知运动的。可以创造出一种行之有效的教学情境，创造一种使幼儿进行自发、自主活动的环境，这样才能使幼儿对所学的东西感兴趣，并在学习中呈现出积极的态度和好的行为趋势，从而在教学中获得最好的心态。

（2）动是学的核心，好奇、求知和探索是幼儿的年龄特点、学习特点。我们可以通过游戏化课程，从根本上改变幼儿的学习方式，让幼儿在进行操作和探究的同时，更好地促进幼儿的自主性的培养和发展，进而实现幼儿的学习与成果的和谐。

（3）为幼儿提供"导学"。在幼儿的问题和行为上，教师的灵活性和有目标的引导、支持和回应，是一种平等和智慧的教育。一个好的支援反应可以激发幼儿的思考能力，提高幼儿的教学质量，创造一个融洽和轻松的气氛，使每个幼儿都感到安全、快乐、成功。

（4）开展积极的、多维度的、互动的"互学"。在研究的过程中，我们发现，交流和交互是幼儿成长所必需的一种积极而高效的多角度互动（包括教师与幼儿之间、幼儿与幼儿之间、小组与小组之间、个人与群体之间），可以使幼儿组成一个真实的学习社区，通过情感与思维的沟通，构建出一种新的、更好的、更全面的、更高层次的互动关系、个人体验，从而推动幼儿的成长。

（5）以"评"促"评学"。运用动态真实的评价和总结，引导幼儿将自己获得的体验表达出来，运用联想、发散、迁移、应用、横向拓展、纵向深入等方法，把新旧知识与经验之间的关系连接起来，从而探索更加广阔的领域，最后构建出一个比较完整的体系，以达到提高幼儿的迁移能力、自主学习能力的目的，从而让幼儿拥有丰富的个性，提高幼儿的自信心。

这里要强调的是，这一过程并非一成不变的，教师要根据幼儿的需求，结合幼儿的游戏性，将"五学"这一过程融入教育的各种情境中，从而推动幼儿自身的成长。

2."五学"课程游戏化实施特点

（1）强调"关注"两个字。"游戏性"在"五学"课程中的体现，就是要让教师充分地认识到幼儿的个性差异，并对幼儿进行科学的、有目的的、有针对性的引导，引起幼儿的注意，确保幼儿的教育活动可以成功地、高效地进行。

（2）具体表现为两种不同的维度。在此基础上，提出以幼儿为中心，以幼儿作为独立学习与发展主体的观点。而在这个过程中，教师的启发引导、师生的平等互助、幼儿的积极参与，就像是一座连接教师和幼儿的桥梁。

（3）重点论述了三个适宜的基本要求。适宜幼儿个性需求的活动安排；适宜幼儿的游戏内容，但难度要适当；适宜的指导和适宜的时间。

（4）以"四自"为重点。幼儿可以自己设计游戏内容，自己控制自己的活动，自己参加游戏，在玩的过程中提高自己的自信心。

（二）"五学"课程游戏化中教师专业发展的实践路径

1. 以师为根，开展"八法"教学

皮亚杰及蒙台梭利的感官操作学说使我们清晰地意识到，幼儿的行动能力是幼儿的自然属性，幼儿的独立活动是幼儿成长的必要条件，幼儿通过自身活动构建了幼儿自身的认识框架。因此，本节就"八法"的教学做了一些探索。其中，前面四种是教的方式，后面四种是学的方式，并在教师及时、适当的干预下，使"导"和"动"的关系更加密切，突出幼儿的实践、主动、互动，以提高幼儿的独立性。

（1）差异性教学方法。教师应该按照幼儿的性格、成长水平和他们的利益需要来制定教育目标和内容，让他们能够在原有的知识经验的基础上得到发展。具体的实施要领是：第一，要对幼儿有足够的了解；第二，在课程设计中，注重幼儿年龄层次的差异，并以幼儿的垂直成长为重点，为幼儿的成长提供层次上的依据；第三，课程难度适中、有目标，可以减少不同幼儿之间的差距，使所有幼儿都能得到相应的成长。

（2）"指点迷津"教学方法。教师要对幼儿的学习状况保持高度重视。当他们在操作中遇到问题时，要及时给予指导，并通过设问、讨论等方式帮助他们解开疑惑。其操作要点是：首先，对幼儿的实际情况和需求进行深刻剖析，并以特定的情景为依据，给予灵活多变的暗示。其次，指点只能刺激幼儿的思维和行动，不能直接主导幼儿的行为。

（3）制造悬念。为了帮助幼儿突破重难点，教师可以利用幼儿有意注意的特点，在课前或课中给幼儿们提出一些相关问题，并逐步指导幼儿们进行创造性的解决。具体的实施方法是：第一，在设计方案的时候，故意地制造问题，制造悬念；第二，在实施方案的时候，用问题、悬念来激发幼儿的好奇心；第三，要对幼儿的疑问解答进行科学的指导，引导幼儿主动表达自己的观点，培养幼儿的创造力。

（4）时滞判定（delivery decision）方法。在课堂上，教师应给予幼儿大量的时间，通过观察、思考、操作、讨论、调查以及创造等方式来引导幼儿学习。具体的操作方法如下：首先，在设计与实施的过程中，以注意为主，给予幼儿更多的活动

时间与空间；其次，在幼儿的自主性中，教师对幼儿的自主性不加干涉和控制。

（5）对研究途径进行主动探究。这是一种在教师所给的情境中，幼儿能够主动地运用自己的大脑，与周围的情境进行互动，他们会发现问题，会有惊喜，会有困惑，并且既紧张又主动地去解决问题的方法。其具体做法如下：首先，适当地增加难度。问题的难易要在幼儿能够解答出来的程度之内。其次，让幼儿去观察、去探究。让幼儿在教师所创造的学习环境中，能够进行自主观察并操作，这样可以持续提高幼儿对知识的探究兴趣。

（6）体验式学习方法。幼儿可以通过自己的亲身经历，体会到正面的情绪，进而获取经验，并产生内部的学习动力。具体实施的关键在于：第一，要精心设计情境，营造氛围；第二，对幼儿进行积极的情感教导；第三，调动幼儿的积极性。

（7）增强性能的方法。即在一次游戏中运用多种方式，对认识和理解进行表述，以加强认识的一种学习方法。具体的实施步骤如下：第一，让幼儿了解所学知识；第二，指导幼儿仔细地思考，主动地进行交流，并有针对性地选择自己的表达方式。第三，幼儿通过语言、身体动作、图片等多种方式表达情感。

2. 以质为要，助推教师华丽嬗变

一是由传统意义上的接受向发现建构转变。教师在平时的教研工作中，不仅要把课程讲好，还要学会如何发现、如何创造，包括内在的幼儿知识，包括幼儿的认知规律、学习困难背后的归因、个体差异和差异认知等，以达到正确地辨识每一位幼儿的学习优势、学习风格和认知特点，并通过各种方法让幼儿对学习产生兴趣，真正做到"因材施教，因人而异"，让幼儿在任何时间任何地点都可以学到东西。

二是管理主体从管理者转变为支持者、参与者、合作伙伴。教师要知道如何去放开自己的双手，将时间权、空间权、话语权、探究权、选择权、发展权等都还给幼儿，能够与幼儿平等对话、彼此尊重、关系融洽、生动和谐，从而达到教师与幼儿的情感互动与思维碰撞的目的。

三是从传统的"授业解惑者"向"授渔引惑者"转变。在幼儿学习的过程中，教师应当从单纯的提出问题转变为引导幼儿发现和解决问题。对教师的讲授点和幼儿的思考点的关系进行恰当地指导，使幼儿从学会到会学，实现点亮、启发的目的。在实际操作的过程中，教师们可以积累经验，可以思考，可以领悟，可以发现，可以创新，可以用一种切实可行、有效的方法帮助幼儿达到全面、健康的成长。

教师的成长是一个长期的、隐蔽的过程，在此过程中，需要多方的帮助。以本地资源为基础，建立一套适合幼儿园使用的游戏课程，为教师们架起了一座从理论到实践的桥梁，让教师们能够达到自己的目标，完成学习内化—动作跟随—领悟的转换，使教师在思维和动作中不断地成长。

第三节　优化幼儿园游戏化课程的路径

杜威在其《民主主义与教育》一书中指出："游戏性是人的一种心理状态，游戏则是心理状态的外在表达。"幼儿园的游戏化可以从下列几个角度来理解：首先，游戏作为一种幼儿参加的行为方式或方法，是幼儿园课程实践的一种组织方式；其次，在现代幼儿教育中，游戏被视为一种基础的行为方式，并被充分融入到课程中。教师不仅要具备丰富的游戏课程内涵，还要创造符合幼儿兴趣和年龄特点的环境，充分利用空间设计和丰富的玩具材料，积极倡导游戏活动融入教育过程。通过游戏，幼儿不仅能够获得知识，还能培养各种技能，如社交能力、创造力和解决问题的能力。因此，游戏不仅是一种娱乐活动，更是幼儿学习和成长的重要途径。教师的任务不仅是引导幼儿进行游戏，更是在游戏中促进他们的健康成长和全面发展，为他们的未来奠定坚实的基础。

一、游戏化幼儿园课程建构的价值明晰

"建构游戏课程，实现以游戏为基本活动的目的是满足幼儿身心发展的基本需要。"由于游戏具有活动性、趣味性和可操作性等特点，它既符合幼儿成长的规律，也符合幼儿成长的需要，因而，它在幼儿的身体和心理的整体发展的过程中起到非常关键的作用，它是促进幼儿发展的强大动力。

（一）游戏支持幼儿自我意识的发展

在一个游戏的环境中，幼儿可以操纵游戏，把自己在日常生活中的探索、模仿和发现的结果应用到游戏中，在巩固自己的发现成果的同时，也可以提高自己的成就感，从而提高自己对周围事物的掌控能力。比如，在区角游戏中，幼儿可以将他们的自主性和独立性完全地展现出来，他们可以选择阅读书籍、画画，也可以参与到幼儿家庭中。在玩偶游戏中，幼儿可以根据自己的喜好给玩偶分配不同的角色；可以帮娃娃梳头、更衣、打扫卫生；可以把自己想象成一名教师在演讲，诸如此类。凡此种种，无不显示出，幼儿在玩耍时，其自我照顾能力、自立能力以及健康认识都得到了发展。

（二）游戏促进幼儿情感的健康发展

游戏不仅是一种娱乐方式，更是推动幼儿心理发展的重要途径。通过游戏，幼

儿可以面对各种挑战和问题，从中学会解决问题的能力。例如，在角色扮演游戏中，幼儿需要面对不同情境，解决各种难题，这种活动有助于他们培养灵活的思维和创造性解决问题的能力。游戏也是幼儿情感表达的重要途径，有助于他们消化和表达小情绪。在游戏中，幼儿可以扮演各种角色，通过角色扮演来表达自己的情感和体验，从而学会理解、接受和表达情感，有助于他们建立健康的情感认知。

（三）游戏推动幼儿社会性的发展

游戏是幼儿积极的社会化途径，通过参与游戏，幼儿能够扩展同情心，减少自我中心。在游戏中，他们需要与其他孩子互动、合作，学会考虑他人的感受和需要。游戏促进了社会行为的增多，比如遵守规则、分享、交流和互相帮助。通过与他人互动的游戏，幼儿学会尊重他人，遵守游戏规则，分享游戏资源，培养了他们的社会责任感和团队合作精神。此外，游戏也通过联系社交伙伴，帮助幼儿意识到自己不是孤立个体，加强对规则、协作等社会行为的认识。游戏的持续进行有助于不断提升幼儿的社会性能力，使他们在社交中更加自信、独立，并且具备解决社会问题的能力。

（四）游戏推动幼儿认知技能和感知技能的进步

在游戏的过程中，幼儿可以获得新的经验与感觉。例如，幼儿能够学会对物质和设备的操作技巧，从而提高他们与他人进行交流与互动的机会和能力，并借此来对他人的生活环境等进行了解。游戏使幼儿加深了对自己的认识，也加深了对他人的理解，使他们能更好地融入所处的环境。"游戏是幼儿未来的所有认知能力发展的基础，它是幼儿生活中不可或缺的一部分。"同样，在幼儿的感知技能的提升中，游戏发挥着十分关键的作用。幼儿的手脚、大小肌肉，以及身体的协调性和控制力将得到锻炼和提升。

二、游戏化幼儿园课程建构困境的表现

（一）游戏脱离课堂

很多幼儿园中的教学和游戏都是以单独的方式进行的。在这种情况下，教师习惯性地采用讲授的方式来教授幼儿的各项知识。教师非常重视班级的秩序，由于在传统观念中，安静是良好的学习氛围的重要表现，然而教师过度重视班级秩序，导致幼儿的学习兴趣、自主性等都被忽略了。事实上，这些游戏是从课堂中分离出来的，被排除在课堂以外，被当作一种放松的行为来对待。在教育的过程中，由于没

有充分认识到游戏的重要性，因此，游戏难以进入课堂，更难以作为一种有效的教学方式。

（二）教师欠缺游戏教学理念与游戏活动组织能力

"教师作为幼儿园课程的设计者和执行者，其对幼儿园课程的理解，将会影响幼儿园课程的成败。"教师的教学观念是引领其进行实践的准则，它的科学性与创新性，直接关系到它在课程内容与方法以及组织形式上的科学性和高效性。目前，有不少幼儿园教师对"游戏"的概念还没有形成清晰的认识，一些灵活、有趣、可操作性强的教育方式还没有获得幼儿园教师的肯定。有些教师虽然抱着游戏化教学的想法，但是在实践的过程中缺少对活动进行有效的管理，不能很好地把握游戏和教学之间的联系，这样就很可能会出现一些令人困惑和背离教学目的的情况。

（三）幼儿园游戏活动设备与材料不足

教学器材的放置是幼儿进行游戏的前提和基础，而很多幼儿园在这方面存在着不足。大多数幼儿园只有几样基础的设施，像滑滑梯、秋千、攀岩网等。有的教师为省时省力，或者由于缺乏素材，会向幼儿提供相对简单的游戏素材，但这种素材往往对幼儿缺乏吸引力，达不到预期的教学效果。

（四）游戏化教学尚未得到全面普及

游戏化教学可以被看作一种项目，它的主要目的就是让幼儿园的课程更适合幼儿的身体和心理成长需求，更为贴近幼儿的日常生活，不管是在教学内容方面，还是在教学活动的组织方式方面，都可以让幼儿的学习热情得到充分的调动，从而推动幼儿的整体发展。目前，大多数幼儿园的课程设置还比较落后，给幼儿园游戏课程设置带来了一定的困难。游戏化指的是将课程和游戏有机地融合在一起，而当前，游戏作为一种教育工具还没有完全推广开来，因此，如何在幼儿园内构建游戏化的教育系统，需要幼儿园和教师共同努力。

三、重构与提升，破解困境之路径选择

（一）加强理论学习：提升教师群体素养

在幼儿园教育中，"玩"是一项重要的教学技巧。通过对幼儿游戏的研究，可以使幼儿游戏更好地进行。教师若仍按照以往的教学模式，只注重教学，那么教学的过程将会非常的被动。只有建立起一种平等的师幼关系，才能避免出现"教师教幼

儿玩"这种虚假的游戏场景，才可以将幼儿的内在真正的情感体验给激发出来。在游戏的过程中，必须有教师与幼儿之间的密切合作，还要有很好的课堂交互作用，因此，要想提高幼儿园的课程教学质量，最重要的一环就是要强化教师的职业素质。

杜威的教育理念在 20 世纪就对我们的教育产生了深远影响，陈鹤琴、陶行知等知名教育家都提出要关注幼儿的游戏发展，因此，建立一个良好的课程游戏化系统非常重要。

（二）贯彻理论落实：坚持幼儿为本的思想

在新的历史条件下，新的课程主张以幼儿为核心，树立"以人为本"的教育理念。幼儿园要把游戏变成真正意义上的一项行为，必须对幼儿的需求有足够的认识。比如，在科学课中，课程的主题是"我喜欢吃蔬菜"，教师可以透过图画书设定一个情境，让幼儿认识到爱吃菜的益处。在教学的过程中，要建立以幼儿的成长为起点、以幼儿为中心的教学理念。其终极目标就是要推动幼儿的全面发展，使幼儿由"重教"转向"重学"。

（三）拓宽资源渠道：集中多平台信息整合

幼儿教育活动的生成源于生活。在强化理论知识的同时，教师还应为幼儿创造一个趣味盎然的课堂，利用幼儿喜欢的话题和活动，将多个渠道的信息，都整理出来。

首先，"家园共育"是促进幼儿健康发展的重要途径。父母和社会是教师最好的选择。比如说，在进行安全主题活动的时候，教师可以向父母和社会求助，把消防员请到教室里面，指导他们学习如何使用和发挥消防工具的功能，这样既能寓教于乐，又能有效地进行教学。

其次，通过互联网，教师可以把幼儿喜欢的卡通人物、绘本等导入他们的教学中，提高幼儿的学习积极性。教师要在一个愉快、放松的环境下，扮演"鹰架"的作用，利用幼儿的好奇心，逐渐地指导幼儿去学一些东西，并且使幼儿的发展水平不断提高。在对幼儿进行观察和记录的过程中，找到突破的方向，之后再对教学计划进行设计，对各种资源进行充分的发掘，根据幼儿的身体和心理成长规律，创造出一个符合幼儿生理和心理成长规律的游戏情景，将教师的探究式学习能力进行充分的发挥。

（四）创新活动形式：实现多样化载体呈现

在教学的过程中，教师要对课程进行不断地创新；在教学的过程中，将区域活动、角色游戏、冒险游戏等活动形式融合在一起，还可以用传统节日、动植物、节气等与幼儿密切相关的话题为基础，进行一些内容设计，让幼儿可以更好地参与到这些内容中去。比如，在主题为"风筝"的时候，教师可以通过艺术教学来指导幼儿创作一只小风筝，并在科学课中展示其飞翔的秘密，引起幼儿的兴趣。之后可以在室外活动中，让幼儿感受玩风筝的快乐；在社交类课程中，可以采用"角色表演"的方法，使幼儿完全进入自己所处的环境中；在探索性游戏中，可以通过一些创新方法让幼儿体验探索的快乐。在教学的过程中，教师能够随着知识的改变而进行创造性的教学，把趣味的游戏方式融合到教学中去。通过画画、手指游戏、唱歌、戏剧等创新的游戏方式来激发幼儿的兴趣。

游戏并非一种单独活动，它必须由教师精心地策划，以使其在适当的时间内起到最佳的效果。幼儿园要以主题为依据，创造出多种多样的课程游戏形式，让每个活动与主题环环相扣，一步步地引导幼儿展开探索。

（五）深化体系改革：建设系统化课程制度

在此基础上，提出以游戏为主体的幼儿园教育理念。

构建一个健全的课程活动系统，从精神和行动都要做到。在精神层面，引导教师正确理解游戏以及游戏和幼儿之间的关系；在具体操作上，要注重教学方法的灵活性和创造性。坚持创新和开放的原则，为幼儿提供高品质的、适合他们发展的游戏。比如说，"安吉的开发系统"，可以借鉴其他国家的开发模式，并将其融入我们的教育中，从而建立起一套完整的教育活动模式。此外，还要对课程的评估体系进行完善，运用多元化、分层和差异化的评估体系，形成一种"老手型教师带动新人"的良好局面。

游戏性课程的开发，重点是教师和幼儿。"游戏"在幼儿园的课程中，是一种与幼儿身体和心理发育特征相一致的特征。"课程游戏化"并不只是单纯地增加幼儿的玩耍时间和玩耍环节，而是要对教育观念进行创新，对游戏理论进行深入的探讨，这就要求幼儿园教师能够以游戏为起点，以课程为方式，向幼儿提供优质的、有价值的活动。因此，在发展的过程中，教师应从理念、内容、资源等多个角度，加大对游戏的改革力度。

第四章 幼儿园语言领域游戏化课程模式

第一节 幼儿园语言领域课程

一、幼儿园课程

20 世纪 50 年代初期，通过《幼儿园暂行教学纲要（草案）》，将课程改为"教学纲要"，采取统一决策、统一规划、统一编写的集中式课程管理方式，注重以"共产主义教育"为导向和"作业"为实践的德智体美劳的全面发展。在幼儿园里，教师要对幼儿园的目标、内容、实施和评价等方面进行统一，只要幼儿服从教师的命令，他们就可以得到好孩子的称号，这也体现出了特定时期的政治环境对学前教育课程的影响。

这个时候，没有课程一说，而是由教师下达命令，形成一种"军队式"的教学方法。20 世纪 80 年代以来，西方的课程理念又一次对我国产生了巨大的冲击，赵寄石、唐淑等人于 1982 年提出"课程"这个词，这也是早期教育领域第一次出现"课程"这个词的一个重要特征。接着，唐淑又从形式和内容两个角度对幼儿园课程进行定义，即"能够体现出幼儿园某个学科客观规律的整个教学体系，或者说能够体现出幼儿园的整个教学体系"。

课程有体育、音乐、基本知识、语言、美术、数学，等等。在这个时候，幼儿园的课程从重视教师的权威话语转向了重视课文的内容，重视学科的知识体系与结构，把课程看成学科教材的一种表现形式。

自 20 世纪 90 年代起，随着对幼儿教育观念的改变，幼儿园教师们又对幼儿园的课程展开了深刻的思考，提倡人们摆脱"课程即教科书"这种狭窄的思想，用更加宽广的视角去认识幼儿园的课程，"经验—行动"的理论成了幼儿园的主流。幼儿园课程是指幼儿在幼儿园中所进行的所有活动和经验；它是"学习者在教育者有意识的引导下，与教育环境交互，从而获得有用的经验，促进身体和心理健康发展的全部教育性活动"。在此期间，幼儿园课程由过去的书本学习转向幼儿的主观能动性，从幼儿发展的角度着手，对幼儿在卫生、语言、社会、科学、艺术等方面给予足够的重视，关注其在各个领域中的成长，由此产生"领域课程""主题课程""活动课程"等新的理念，学科知识已经不是一个单独的课程，而是各个领域中的所有内容，都是为了促进幼儿的成长。

二、幼儿园语言领域课程的内涵

幼儿园语言领域课程的内涵正在经历着从学科化和小学化向活动的、经验的转变。这种转变意味着教育者不再仅仅注重知识的灌输，而是更加注重幼儿的实际体验和参与。新理念下的课程强调以幼儿的语言经验为核心，以此来提高幼儿的语言能力，其中包括倾听、表达、前书写、前阅读等方面的发展。这种理念的转变突出了幼儿在语言学习中的主体地位，使得教学更加贴近幼儿的生活和需求。新课程理念还排除了一日生活和环境的潜在课程效应，将幼儿置于主体地位，同时教师则扮演着更多的引导和促进的角色。这种转变体现了对幼儿个体发展的尊重，强调了以幼儿为中心的教学方式的重要性。

三、幼儿园语言领域课程游戏化

游戏化并非简单地将课程转变为游戏，而是一种教学方式的转变，旨在消除历史发展中的统合教育模式和语言领域知识化的倾向。在游戏化的课程中，教育者会融合"自由、自主、自愿、源于生活"的游戏精神，使课程更贴近幼儿、适合幼儿、吸引幼儿。这种方式的教学不仅能够增加幼儿的学习兴趣，更能够激发他们的积极参与和探索精神。此外，游戏化的课程设计还会依据幼儿的思维特点进行育、依据幼儿语言规律进行教、并结合幼儿园园本特色进行设，以确保教学内容与幼儿的认知水平和学习需求相匹配。

（一）依幼儿思维特点而育

思考是高度的认知行为，是人类大脑利用语言来归纳客观事物并对其做出间接反应的过程。在早期阶段，对于幼儿来说，语言的学习与发展是非常关键的，思维活动都要以逐步学习到的语言作为表现形式。另外，幼儿的言语发展也表现出一种潜移默化的特点，幼儿的一些言语特点是潜移默化的，不易察觉。因此，能够把握好幼儿的思维特征，并在适当的时候跟随幼儿的步伐，这就是幼儿园的语言教育与启蒙的重要环节。

从思维发展的角度来观察，幼儿的思维经过从直觉动作到具体抽象，再到抽象逻辑的发展，但是，我们也不能忽略，在小班，有直观的行动思考，而在大班，有抽象性的逻辑性。可是，幼儿时期以具体形象思维为最主要的思维方式。首先，在这一阶段，幼儿的思维以具体与意象为主。思维的内容属于具体的范畴，幼儿对于一些可以表示出特定物体的名词，比如桌子、水杯、沙发等，很容易就能掌握，而电器、日用品等比较抽象的观念则比较困难。幼儿的思想形象，是指幼儿对事物的关注，如声音、形状、色彩等，往往能引起幼儿的注意。其次，幼儿用自己的生活经验去认知和展示身边的事物，例如：幼儿在自己的作品中，画着酸奶、巧克力、棒棒糖，并说："我要将它们藏起来，不要被母亲找到。"幼儿也会把一些物品或者小动物当成大人，和它们交朋友、玩耍。比如，他们像对待自己的小孩一样对待洋娃娃，给洋娃娃喂食、送洋娃娃上床。在这个阶段，幼儿对事情的理解和思考也呈现出体验与类似性的特点。

幼儿的语言教学与他们的思维特点密不可分，他们的思维特点就是他们的语言教学的导向。所谓的"具体化"，指的是一种不能离开直接对象的刺激来学习的语言，而离开具体对象的抽象符号，则很难让幼儿将其完全地掌握。而形象性，指的是要运用各种各样的教育手段，让语言活动变得更加多姿多彩。例如，可以通过角色不同的声音，对幼儿进行讲解和演绎，可以通过美妙的声音引起幼儿的兴趣。在丰富的词语中，用鲜艳的色彩标记，吸引幼儿的注意力。体验型指的是根据幼儿的真实生活经历，对生活中的素材和故事进行选取，将节庆作为主题，进行一系列有记述价值的语言活动。这是因为，童话故事里的人物形象，更符合幼儿的思维特征。

（二）依幼儿语言规律而教

从三岁开始直到小学入学，幼儿在语音、词汇、语法和口语表达方面的能力都有很大的提高和发展。因此，在幼儿进行社交互动和进行思考的过程中，他们会利用语言对身边的世界进行认知，并利用语言对自己的行为进行调整，从而传递出明确的需要与感觉。因此，这个时期是幼儿学习完整口语的一个关键时期，也是幼儿学习语言的一个迅速提高的过程，还是一个连续的语言发展过程，同时也是一个激发幼儿写作灵感的过渡期。在对幼儿进行语言教学时，必须掌握幼儿的语言发展规律。

1. 幼儿语音的发展规律及教育

言语是语言的物质外壳，要获得一个精确且标准的发音，需要大脑机能、听觉系统和发音器官之间的相互协调，伴随着发音机制的逐步成熟，幼儿的发音能力也会逐步改善。根据史慧中学的研究成果，3—6岁幼儿的发音准确率分别为10.1%、32.0%、57.7%、69.2%，由此可见，3—4岁幼儿的语言技能发展很快。出现比较高的发音错误的点是："zh、ch、sh、z、c、s、n、l"平翘舌不分，以及"ang、eng、ing、ong、an、en、in、un"的混淆。举个例子，在小班的《小金鱼》中，许多幼儿都会将金读成"jing",即使教师不断地纠正,他们也无法将"金鱼"这个词准确地念出来。这是由于幼儿身体发育不够完善,还不能很好地控制唇、齿、舌等发音器官,难以把握音位间的微妙区别。大约4岁时,幼儿的语音认识逐步形成,主要表现为他们能够注意并纠正自己或别人的发音,使其成为一种从内到外的有意识行为。

这时,在幼儿的语音方面,幼儿在学习基础汉语的基础上,要学会正确的发音,还要加强幼儿的听力训练,培养幼儿的语音素养。对于小班幼儿来说,教学的重心应该是在听力和发音练习上,一方面,可以用听音的方式来辨别语音中的微妙差异,逐步辨别一些相近的音;另一方面,要为幼儿创造一个想说、能说的环境,让幼儿可以进行表达,让他们的嘴唇、牙齿、舌头等微小的动作逐渐和谐和灵活,而不能过于执着于幼儿的语音是否准确,不然将会造成幼儿不敢说、不愿说,也不能说的情况。对中、大班的幼儿来说,有意识的发音是他们渴望清晰、精确表达的动机,因此,对其进行语音教学,应当有重点地进行,比如纠正幼儿不正确的发音习惯。与此同时,还应该注重对幼儿语音素养的培养,让他们能够拥有一种准确的言语表达方式,比如说,发音清楚,可以随意调整自己的速度和语气,自然大方,富有感染力,表达能力强等。

2. 幼儿词汇的发展规律及教育

作为一门语言的材料,词的持续累积意味着词量、词类、词义的持续改变。有调查显示,3—5岁的幼儿词汇增长很快,幼儿对各种词的习得,通常是以"名词—动词—形容词—数量词"的次序进行的,幼儿对与其生活密切相关的词最为熟悉。其中,水杯、衣物、饮水机、小憩等都与在园中的生活密切相关。在刚开始的时候,幼儿对于词汇意义的认识,只是能够与物体进行一一对应,但是伴随着词汇数量的增加、词汇种类的增加,他们会变得越来越完整、越来越深入。例如,"奶奶"这个词汇,可以指自己的奶奶,也可以指年龄和奶奶差不多的人。

对幼儿的字汇教育是一项在幼儿阶段非常重要的语言教学工作,在每一次的语言活动中,都会有不同程度的词汇积累,但是这并不能成为幼儿在学习过程中的直接目的,我们更多地关注于对幼儿进行潜移默化式的间接教育与学习。要把握好幼儿词汇发展的关键时期,对在日常生活中可以被融入到教学中的事物、动作和现象,在特定的教学情景中,使幼儿理解其意义。

3. 幼儿语法发展的规律及教育

语法是构成句子的语言的一种逻辑结构。它的特点是,随着幼儿的成长,语句的长度会有某种程度上的延长,句子的表达方式也将更为完善,具有更多的修饰性元素。结果显示:3—4岁幼儿多会说出4—6个字的话,4—6岁幼儿多能说出7—10个字的话。在幼儿时期,他们会从2岁时64%左右的完整句,逐渐扩大到6岁时的

98%，他们的句型越来越完整和严密，他们对语言的掌握也在不断地提高。在幼儿的话语复杂性发展的过程中，他们从一开始的简单句（3—4岁的幼儿为主），逐渐走向简单句、复合句同步平行发展。

在大班《晚上》这一图画书中，幼儿很容易就能把"夜晚就是月亮升起"这一部分扩充，比如"月亮出来了，群星在一旁眨眼"这一部分，但是要对"夜晚是月亮和群星在低语着什么"这一部分进行扩充，就很困难了，这说明幼儿学习复合句的过程是很困难的。幼儿最初所说的话都是不加修饰的，到了4岁以后，带修饰的话就占了主导地位，但是只有一些简单的修饰。

所以，要使幼儿的语言完整，句子连贯，就需要对其进行语法的渗透和表现。在小班学习中，要加强幼儿的言语技巧，使幼儿能够运用一些简单的语句来表达他们的需要；词汇的积累和扩大是为了以后的语法结构做好准备。在大班课上，幼儿的语法学习需要有较高的技巧，如正确的用词，完整的句型，正确的顺序，多写一些简单的复合句，等等。伴随对教育需求的不断提高，要更注重对教育方法的表达，让教学变得有趣要比学习内容的难度更重要，这样才能逐步提高幼儿的语言应用能力。

（三）依幼儿园园本特色而设

幼儿园需要有自己的特色才能得到长久且健康的发展，就像B园是一家以弘扬中国文化为主的学校，而A园则是一家以培育幼儿为主的学校，它要让每一个幼儿都能有自己的性格。通过对幼儿园课程进行园本化改革，使幼儿园的课程更加接近幼儿的需要，变得更加鲜活、更加丰富、更加趣味，进而推动幼儿的多元化发展。

经过研究，许多教师都认为"应当建立以幼儿园为本，以班级为本"的语言特色课程。所以，在语言方面，要凸显幼儿园的特点，并结合幼儿的需求、喜好和习惯，让幼儿更加自然、轻松、高效地学习。

"游戏化"是一种提倡幼儿语言教学的教学方式，旨在使幼儿语言教学更符合幼儿的思想特征和语言发展规律，采用幼儿喜欢的方式进行语言教学，以改变目前幼儿语言教学中出现的"非幼化"现象。以幼儿园的园本特色为前提，在语言领域课程中融合游戏精神与游戏观念，以获得幼儿的语言核心经验为出发点，运用游戏化的情景，让幼儿能够积极地构建自己的语言知识，从而提升幼儿的语言能力。

第二节　幼儿园语言领域课程游戏化的理论基础

一、以幼儿为中心的课程与教学理论

（一）人本主义：语言领域课程游戏化关注幼儿主体

20 世纪 70 年代，罗杰斯提出了只重视知识与技巧而忽视情感沟通的观点，并由此引发了"认知分裂"的观点。在教师和幼儿的关系中，存在着一种不可质疑的次序。在他们中间，只有命令和遵从。在教学中，幼儿对教师的依赖性较强，缺乏应有的创造性，缺乏应有的个性特征。人文主义倡导"以学生为本"，在教学目的上，倡导将每一位幼儿的人格都发挥到最大限度，教学内容的选取将重点放在那些对他们个体有重要影响的知识上；在教学的过程中，注重他们学习经验和情感的满意程度，评价上运用幼儿的自我评估和多种评估方式。

（二）建构主义：语言领域课程游戏化能促使幼儿主动建构

在杜威、皮亚杰、布鲁纳、维果茨基等人的思想中，他们都有一种观点：知识是一种看不见摸不着的东西，不可能从教师那里得到传授，而必须通过幼儿建立属于自己的知识网，倡导主动学习，不要一味地相信外在的东西，要有自己的思想。它倡导幼儿进行有意义的学习，将自身的知识体验与学习能力应用于积极的创造活动。在此过程中，幼儿、教师和教育中介都是以意义建构活动为核心而展开的因素，幼儿是意义建构的主体，知识是意义建构的目的，教师是促进意义建构的引导者，有必要的环境是意义建构的推动力。

在幼儿园的教学设计中，应以人文精神与建构主义为基础，将幼儿放在核心位置，对他们在课程活动中的需求和情感充分重视，而教师则是一个引导者、促进者，让他们能够积极地构建和有意义地学习。

二、语言学习的相互作用理论

皮亚杰的"认知交互"说与维果斯基的"社交交互"说组成一套有关幼儿语言学习的交互理论，前者主张幼儿的语言习得依赖幼儿的认知结构，而后者则主张幼儿的语言习得是语言的学习环境，既社会互动体系所决定的，是幼儿学习语言的根本。语言学习就是幼儿的语言和社会标准语言之间的冲突、融合的过程，也是幼儿学习语言和利用语言进行融合的过程。

（一）语言学习的过程是个体语言与社会规范性语言辩证统一的过程

幼儿的语言学习和发展一定程度上会受到个人和社会两方面的约束。幼儿内在的需要是表达自己和与人沟通，这就使得他们的语言学习和发展朝着自我需求和周围环境的要求发展。

在教学中，语言教学是幼儿个体化思考能力的体现，同时也是幼儿进行语言活动的主要途径。在此过程中，家长、教师和同伴不仅是幼儿的言语回应者，同时也是幼儿语言能力的重要组成部分。

（二）幼儿是语言的主动建构者

幼儿擅长把自己所掌握的触觉、嗅觉、听觉、视觉等信息，还有自己的需求、愿望和感受，通过自己的语言表达出来，并在与大人、同伴的交流过程中，对自己的语言行为进行反馈。通过这种方式，既能让他们体会到大千世界的美好，也能让他们意识到自己的语言世界的不足，进而激励他们学习，促进他们不断地调整和重构自己的语言认知结构。在这个过程中，由幼儿独自来完成对语言、语义的构建，使其词汇、语义和语用等方面得到了不断的充实和发展。

（三）语言学习和通过语言进行学习有机统一

幼儿的学习与身体、心理、认知和社会活动等都有着密切的关系。幼儿在学习语言之后，能够使用文字来传达自己的感情、思想和愿望。霍利得（Michael Halliday）的调查显示，幼儿在经历多个不同的语言时，会产生不同的效果与形态，对其进行认知，并形成一套完整的认知系统。因此，在运用语言的过程中，幼儿也在进行着对语言的学习，他们也会运用所获得的语言去认识和学习周围的事物，二者是密不可分的，是一个完整的语言学习过程。

三、全语言教育理论

古德曼首先从贺拉斯·曼等学者的"整体式"理论出发，在"整体式"理论的指导下，指出"整体式"是对语言、学习和幼儿、教师的"完整式"理论的发展。全语言教育提倡的是完整的、整合的、一体的教育，它是一种教育哲学，体现在语言本身、幼儿和语言学习、教师和语言教学、语言课程上，它的具体内容有：

（1）语言应当是一个整体，而不应是一个零散的技术。作为一个完整的、密不可分的整体，不能分为拼音、字词或句型，也不能分为独立的听、说、读、写能力。语言是需要运用的语言。

（2）幼儿的生活构成了语言的学习环境，这种环境既尊重、信任幼儿的个性，又尊重幼儿的文化、民族和社会的独特经历；还包含了所有的形式、所有的成分。幼儿的语言学习环境具有多样性、自由等特征，他们可以发挥自己的想象力和创造性，在真实的语言实践中，他们的语言技能会持续地被强化并发展。

（3）课程具有综合性、开放性和关联性。在幼儿园的教学活动中，无论是以掌握该语言为主的教学活动，还是以该语言为教学手段的其他教学活动，均有这种语言经验。

（4）教师是幼儿的同伴和拥护者，教师的一切决策都建立在幼儿的基础上，教师是幼儿可以充分信任和依赖的好朋友，也是可以玩耍的朋友。

第三节　幼儿园语言领域游戏化课程模式的创新策略

一、幼儿园语言领域课程游戏化存在的问题及原因分析

（一）问题分析："知""行"两环分离

通过调研发现，当前幼儿园在语言学科中的游戏构建仍然停留在导向的层次上，也就是相关的政策法规对游戏提出了明确的要求，要求将其融入幼儿园教育中去，上至各部门，下至园长、教师，无不推崇"玩"，然而，"玩"的精神和认识虽然有了，但实际操作起来还是不够，存在着"知""行"两环之间的脱节，主要体现为："认识不到位：教师语言领域课程游戏化观念有偏离"与"教学有偏差：教师语言领域课程游戏化行动力不强"。

1. 认识不到位：教师语言领域课程游戏化观念有偏离

大部分幼儿园教师具有很强的教学理念，认识到了游戏精神对幼儿语言发展的重要性，认为"玩"才是幼儿的最佳学习方式，重视幼儿的"玩"，有利于提高幼儿的语言能力。大多数教师基于幼儿的语言发展，以幼儿的情感发展为目的，创造和整合适合幼儿的游戏内容。然而，根据笔者在实际教学中所观察到的情况来看，幼儿园教师并没有将良好的课程游戏化内涵认知、课程价值观和语言学习观，转换到现实的教学情景中去，其主要体现在如下几个方面。

（1）在语言领域课程中，游戏性的含义已被功利性取代。游戏精神是幼儿语言领域的核心，多数幼儿教师意识到它的重要性，并提出"在语言领域的教学活动中，会始终关注幼儿的游戏性体验"，即在这一过程中，幼儿能够获得快乐、自由和自我成就。但现实情况却是，幼儿游戏性体验成了教师掩饰利己主义的幌子，进行着多种多样的教学行为。例如，教师们所说的"课程游戏化"，大部分都是在课程视察、

公开课展示等活动下产生的结果，而全部的课程教学活动都是由幼儿来进行的，幼儿的反复练习和幼儿的乐趣早就消失殆尽。A 幼儿园二年级的 G 教师，在此基础上，选择了全班前十名的幼儿，进行了八场关于"人究竟会不会飞行"的教育辩论，从这些幼儿呆滞的目光，以及埋头于桌面，摆弄着自己的玩具的行为，就能看得出来，他们很累。再比如，有的幼儿园开办了旨在提高幼儿的语言才能的特殊的语言课，而绘本阅读小组、小小主持人等活动，过于侧重于幼儿的语言发展的某个方面，尽管可以在短期之内对幼儿产生明显的影响，但是这与幼儿的语言发展的综合性、全面性以及语言学习的逐步进行是不一致的。此外，就一般的受教育程度而言，大多数幼儿园教师认为"游戏化"就是带领小朋友一起玩耍，事实上，他们并没有认识真正意义上的游戏。

（2）在语言领域课程中，其价值取向过于狭隘。在幼儿教育领域，语言课程扮演着至关重要的角色，其与幼儿语言能力培养密切相关，不仅包括倾听、表达、阅读、理解等基本能力，还涉及前书写等高级语言技能。这些课程内容广泛，包括幼儿语言经验的积累、文学知识的获得、以及文学作品对态度与情感的影响等方面。然而，当前教学中存在着一些问题。首先，教师普遍存在对幼儿语言能力的狭隘理解，过分注重识字和拼音教学，而忽略了语言能力的多元发展。其次，教学往往简单将量的积累与语言能力发展联系起来，而忽视了幼儿的实际需求和兴趣，导致教学效果不尽如人意。另外，当前的一些语言课程也存在着将学前阶段作为小学语文学习的预备阶段的观念，强调了对小学语文学习的准备，但却违反了学前阶段语言习得的基本原则。这种做法忽视了幼儿个体的需求和兴趣，未能充分考虑幼儿的发展特点和心理状态。

（3）教师忽略了幼儿的差异性，将他们置于被动的学习位置。这种现象凸显了教师对幼儿语言学习的认知，反映了他们对幼儿的观念。虽然教师普遍认可游戏在语言学习中的重要性，但实际教学中却存在控制性过强的情况。教师对幼儿过度控制，违背了幼儿的主体地位，导致了幼儿个体差异被同质化。这一问题的根源在于教师的教学内容和方法常来源于教材，缺乏变化性和生成性内容，导致课堂上教师的作用更多是控制性而非指导性。然而，教师应该意识到幼儿语言学习的积极建构性规律，不应将幼儿置于被动地位，而应该促进其内在学习动力和语言认知结构的建构。实现这一目标的关键在于理解语言领域课程的游戏化。如果教师不能理解课程的游戏化，将难以实现幼儿语言学习的积极建构性目标。

2. 教学有偏差：教师语言领域课程游戏化行动力不强

在我国语言教学中，教师对游戏的认识还不够，存在差不多的心态，过于注重显性、主导性和可操作性，而忽略隐性、参与性和适宜性。

（1）过分强调明确的成果。教师注重的是教育成果的显著性，也就是幼儿的语言学习是否达到一定的目的、效果。例如，学过的故事、儿歌，引导男生进行拼音测验，女生绘画，用明晰的方式来衡量幼儿对语言知识和行为的掌握程度。教师只注重幼儿的词汇积累、语句的完整性、语言的美感等，而忽略引导幼儿利用语言来推动认知能力的发展、借助语言表达自己的情绪情感、实现社会性交往等隐性目标。

（2）将可操作性视作课程的主要目标。在教学中，教师会优先选取教科书中的指定内容，并为幼儿提供一些现成的故事、诗歌和教学素材，并有选择性地进行展示。除了教科书以外，教师也有很大的随意性，教师通常会根据自己的偏好和习惯，从互联网中挑选出某些教育内容。比如，让幼儿在互联网上观看教学视频，无论其有没有意义，教师对幼儿的态度和教育的诚意都会被掩盖。如果是不符合幼儿思维特点和语言发展规律的教学内容，那么不仅会蒙蔽自己，还会蒙蔽幼儿、蒙蔽父母、蒙蔽社会。

（3）教学过程过分强调主导性。在教育实践中，教师更多地注重在教育实践中的主导性，导致在教育实践中，幼儿的身体和心理都不可能获得真正意义上的自由。在实际教学中，教师的权威无时无刻不在显现，从课堂上的各个环节和活动的方向，到幼儿的语言表达，教师对幼儿的控制无时无刻不在发挥着作用的，因此，幼儿在语言教学中的参与程度较差，仅限于发放资料及解答问题，很少有机会参加环创、设计、组织和演出。在教学中，忽视了对教学方式和经验的重视，丧失了师生间的感情纽带，虽然保证了语言教学的正常开展，但在这种非自由的身心状态下，幼儿并不一定能够获得良好的语言能力发展。

上述问题都表明，在教学的过程中，在显性成果、易于内部操作和自我主导三个层面上，教师所展现出来的热情，对幼儿园语言领域课程游戏化的探讨产生了很大的负面作用，这一现象的问题亟须得到解决。

（二）原因追溯：幼儿教师的语言教育素养有待加强

就语言而言，教师要设计教学方案、制定教学目标、选择教学内容，是实施的施动者、评价的主导者。课程计划是否全面、目标是否恰当、内容是否合理、实施是否顺畅、评估的效果如何，对幼儿在游戏的过程中的情绪感受和游戏完成后的语言发展起着至关重要的作用。通过调查，我们发现幼儿园语言领域课程游戏化并未得到很好发展，主要原因是教师这个团体一直在空谈游戏，不会从幼儿的视角去思考其实质。表面原因是幼儿园教师队伍的年轻化和低学历的现状，而更深层次的原因则是幼儿园教师在语言教学方面的素质较低，教师对幼儿语言发展规律的认识不足，对幼儿语言游戏性的构建能力不足，对幼儿语言游戏性的认识不足，对幼儿语言游戏性的培养也缺乏足够的重视。

1. 教师对幼儿语言发展的规律含混不清

一切语言课程的先决条件是对幼儿语言学习的基本规则的掌握，在实际的语言学习中，教师对幼儿特定的形象思维进行抽象化的操纵，程式化学习过程，就是他们对幼儿语言发展基本规律认识模糊的体现。

（1）被抽象化的是具象思维

语言和思想是紧密相连的。按照皮亚杰关于"认知发展阶段"的说法，3—6岁的幼儿正处在感觉动作的末端，也就是前操作阶段，他们的思维方式是非常具体的，他们只有从这些具体的、有图像的物体中去学习，才能学会情景语言。

在研究的过程中，教师忽略了幼儿的具体的、形象的思维特征，他们对幼儿进行了很多的语言符号的教育，这一现象主要体现在三个方面：第一，在以绘本和故事为主导的课堂，教师都会选取重点的词让幼儿记住；第二，忽视了语言学习中的课堂情境，无法给幼儿带来真实的情境经验。创造情境最能带给幼儿最直接、最生动的体验，然而，由于缺乏足够的时间、精力，教师很难创造出适合语言教学的情境；第三，教师的授课方式太过死板，只是重复绘本上的内容，讲述故事，缺少生气，不能引起幼儿的注意，还需要幼儿一遍又一遍地重复阅读，这会让幼儿的耐性越来越差。所以，不能说教师们不了解幼儿的思维特征，只是教师在不知不觉中把幼儿的具体形象思维扭曲了，幼儿被抽象化的思维状况让人很是无可奈何。

（2）被程式化的学习过程

考虑到幼儿的特定形象思维特征，因此，在幼儿园的所有活动中，都应当包括大量的、具有娱乐性的语言学习活动和方法。但是，在实际的幼儿园中，他们的语言学习则不同，没有了艺术领域课程的五颜六色的图片、音乐、美丽的动作，也没有了科学领域课程的发现、探索所带来的新鲜。在语言学习中，幼儿的学习往往是从找到好词语开始的，例如，当幼儿在读书的时候，教师会选择一些好句子让幼儿背诵或者模仿。从词汇的学习到句子的使用，幼儿处于程式化的学习中，而这种学习忽略了幼儿的游戏体验。

2. 教师语言领域课程建设能力不足

层次总是同活动的开展有着紧密的联系，而语言领域的课程建设能力指的就是在这一系列的教学活动中，教师所展现出的一种人格特征。从这一方面来看，在教师语言方面的课程建设能力欠缺，也是教师的语言教学质量并不理想的体现，其主要体现在：随意的课程组织与实施、主观性的课程评鉴与改进、零发挥的课程设计与开发。

（1）班级授课的安排与执行具有随意性

教师的教学组织与执行能力是，通过使用各类游戏教具、游戏方法、教学媒体和教学方式等体现出的一种能力。在语言领域课程活动中，教师开启读图画书，唱儿歌活动；按照不同的话题，挑选一套教材，即让幼儿自己进行实践，看似在充实幼儿的语言学习，实际是教师无法清楚地掌握一堂语言领域活动的教学逻辑和幼儿的发展逻辑，更多地依靠习惯、便利条件等因素进行组织和实施，从这一点就可以看到教师的教学行为具有很大的随意性。

（2）对教学过程进行评价和改善具有主观性

对教学内容进行评估和完善的能力，主要是基于对游戏这一概念的探讨，来评估游戏对于幼儿的语言学习的重要性，进而提升"游戏"的设计水平。在对语言领域课程进行思考的过程中，教师经常根据自己的主观感觉，做出表面的评价，仅限于语言教学的目标和目标的达成、幼儿语言获得的结果等方面，而关于幼儿语言习得的进程性发展的评价很少，在进行改进的过程中，经常会产生"材料的丰富、多指导"等重复性问题，因此，教师的课程评价和改进就会进入一个主观性的恶性循环之中。

（3）教师进行教学规划和发展的零发挥性

教师的课程设计与开发能力，指的是教师根据自己的教学经验和风格，对课程的目标、内容、结构、评价等各个类别进行创造的过程。在幼儿园语言领域课程中，幼儿园教师单方面地依赖省级教材，没有与之相适应的课程设置和开发性行为，所以，他们的语言课程设置和开发能力几乎没有得到充分发挥。

二、幼儿园语言领域课程游戏化的实施策略

为了更好地推动幼儿园语言领域的课程游戏化建设，将适合幼儿思维特点、遵循语言发展规律并凸显幼儿园特点的语言课程付诸实施，本节针对幼儿教师群体，提出如下三条意见。

（一）明晰幼儿园语言领域课程游戏化理念

课程理念对教师课程设计行为进行引导，而这种引导，最后都会在课程的内容和形式、教与学的相互作用，以及幼儿园的环境和文化上有所表现。在幼儿园语言教学中，"玩"并不一定要"玩"，但要倡导与《规程》《纲要》《指南》相一致的"玩"的观念。语言领域中的"游戏性"概念，主要是指对幼儿、教师、语言教育、环境、资源等方面的认识。

1. 幼儿：语言课程活动的主体

长期以来，我国的幼儿园语言教育是以"知识本位"为主要特征的语言课堂，在此基础上提出新的发展方向。尽管幼儿园正在积极开展新一轮的教育，但仍存在

着强调"教"的要素、强调语言实例的强化、强调语言信息的记住、强调幼儿语言习得的成果和数量的累积，从而使幼儿在课堂上处于一种被动状态，而这些与幼儿的学习特点相违背的观念，在"游戏"的过程中将被摒弃。在游戏的语言领域上，提倡将幼儿视为学习的主体，幼儿的主观能动性是幼儿获取语言发展的根本动力。

幼儿在学习的过程中，需要积极地与其所处的环境进行互动，从而获得多种语言知识和技能。把满足幼儿的需要和他们的兴趣作为起点，让他们的自主性和积极性得到最大限度的提高，这也是推动幼儿园语言课程游戏化的一项关键工作。

2. 教师：语言课程活动的支架

在幼儿园课程中，教师的作用多种多样，具体有：实施课程方案，搭建课程情境，启发幼儿学习等。如果我们将一种语言作为一门"游戏"来对待时，就要对教师在语言教育的过程中所扮演的角色有一个清晰的认识，那就是将教师的身份定位在一个支架的位置上，不管是对语言课程设计的规划，还是对环境的预备，抑或是对语言课程的进行，都要指导幼儿主动地与语言教育的内容和方式进行互动，从而让其能够得到更好的学习和发展。要想达到这样的效果，就必须让教师在规划与实施、准备与创造环境、关注与培育交互的心理气氛等各个环节中，适度地掌控，适时地利用自身的优势，使自身的支架作用得到最大限度的体现。

3. 全语言：语言课程活动的基础

语言领域课程的游戏化一定要建立在全语言教育之上，提倡"让游戏精神在语言教育中成长"的理念，就是要使语言领域的教学回到幼儿的语言学习的本质，以幼儿为中心，重视幼儿语言的发展性，在学龄前对幼儿进行培养，并以此为准则，"最重要的是交流与表达，最重要的是激发他们的表达热情，创造交流的机会"，进而加深对语言感情的表现，加深对文字的理解等。所以，在语言方面，玩耍式的活动很多，包括谈话、讲述、文学欣赏（包括故事、诗歌、散文），以及所有有助于幼儿发展的活动。在具体的教育过程中，幼儿的语言发展和他们的认知、情感和社会性等各个层面的发展密切相关，通过多层面的互动活动促进幼儿的日常学习，促进幼儿的语言技能的全面提高。

4. 游戏精神：语言课程游戏化的灵魂

"玩"既是幼儿生活的一种形态，又是幼儿生活中不可缺少的一环。离开了"玩"，生活就会朝着成人化、小学化的方向发展。在语言方面提倡游戏，但是，我们并没有将一切语言教育活动都变成游戏，而只是将游戏作为语言方面的一种实践。课程的概念与精神，与游戏融合到了一起。玩是指自由、自主、创造性、愉悦，是指以幼儿的感觉与经验为主的一种游戏精神。在创作早期，还是要把富有乐趣的游戏设计出来，以此突破语言的游戏化。教师要记住游戏的三大原则：第一，要提倡游戏，因为游戏并不是一种规律性的消遣，而是一种幼儿学习语言的内容和方法，具有很高的教育性，所以教师要营造游戏重要的心态，在语言教学中培养一种"玩"的感觉；第二，为游戏而服务，教师要尽力创造有趣的游戏环境，准备丰富多样的游戏素材，提供宽广安全的游戏环境，以促进游戏的高效进行，给幼儿一个快乐的游戏体验；第三，要对活动进行科学的引导，防止过头的引导变成导演，引导活动走向套路、形式，导致幼儿失去从游戏中获得语言的快乐。

（二）改造幼儿园语言领域课程行动方案

据虞永平所言："幼儿园应该逐步地将购买的教学计划这块拐杖给抽出来。"转变幼儿园和教师对省编幼儿园主题活动教学用书及资料包的片面依赖态度，将现行的语言活动计划进行重构，将自己的语言教育理念与自己的情感相结合，逐步形成适合自己的课堂教学方式。

1. 以幼儿语言核心经验的获得为目标

在设定幼儿语言课程目标的时候，要根据纵向层次，也就是最小的语言活动目标，为幼儿语言的发展打下坚实的基础，逐步地完成学前阶段的语言教育目标和任务。将幼儿获取语言核心经验作为最终目的，制定目标时应该将幼儿的语言能力发展作为中心，而不是幼儿能否对文字进行理解和注意。

从幼儿语言能力的组成来看，按照《指南》中对幼儿语言能力提出的目标和要求，幼儿的语言能力应当由四个方面组成，即倾听能力、表达能力、欣赏文学作品的能力以及早期的阅读能力，每个方面都涵盖认知、情感与态度以及技能方面的目标。

在此基础上，根据幼儿语言中心体验，确定幼儿语言课程游戏化的发展目标。不应将教师的目的转化为对幼儿的言语行为的明确需求，而应使其具有客观的目的，即把教学目的隐蔽于幼儿所处的情境之中。

将教育需求转变为幼儿需求，让幼儿在幼儿、教师和同学之间展开良好的互动，与语言环境和材料进行互动，促使幼儿积极地参与到自己的需求中去。

2. 以承载幼儿语言核心经验的活动为内容

要想在语言课程游戏化的过程中，实现对幼儿语言核心经验的培养，就必须向幼儿提供完整、充实、完善的语言课程，该课程不仅要包含倾听经验、表述经验、文学作品欣赏经验和早期阅读经验，还要兼顾认知、技能和情感与态度三个方面的统一。

交谈是指幼儿在一定的情景下，通过与他人的语言进行互动和沟通，从而提高幼儿的语用能力。通常情况下，要将幼儿所了解的，并觉得新奇的话题进行下去，整合、组织、再现幼儿的知识体验和生活体验。

讲述活动指的是指导幼儿在特定情境下，运用独白的语言，对事件做出简要的说明，从而发展幼儿的自主思考能力和语言逻辑性。根据叙事的具体内容，可将其划分为讲述性叙事、描述性叙事、说明性叙事和讨论性叙事。

（1）讲述性叙事，就是幼儿以一定的次序，对自己或别人所发生的事情进行清楚、精确的记叙，如《我的五一》，从事件的发生、发展、变化等方面，讲述自身所发生的事情、所感受到的东西。

（2）描述性叙事，指幼儿按照一定的次序，对人物（表情、动作等），或事物（特征等），做出生动而又形象的描写，例如：《我的全家》，幼儿能说出画中人物的名字、行为和神态等。

（3）说明性叙事，就是幼儿根据特定的顺序，对事物（形状、特点、用途等）进行准确而简洁的描述，比如：《我爱的汽车》，幼儿就会把汽车的名字、外形、用途等描述出来。

（4）讨论性叙事，就是让幼儿讲述他们是否同意某个想法，并给出一个合理的解释，通常是以辩论的形式进行。

少儿读物赏析是一种以教师与幼儿共同阅读为途径，以提高幼儿的语言能力为目的的教学方法。读物有很多种类，如童话、儿歌、诗歌、散文、生活故事、谜语、绕口令等。它以活泼优美的语言、生动有趣的情节、鲜明的人物形象为特色，同时还带有很强的教育性，因此受到幼儿的欢迎。

教学内容可划分为三部分：聆听和感受、朗诵和表演、仿编和创作。

通过聆听和感受，幼儿能够更好地理解故事的主要情节、人物性格和主题倾向。这种情感投入帮助他们建立起对故事世界的认知，激发好奇心和想象力。

通过朗诵和表演，故事中的情节得以再现，幼儿能更加身临其境地感受到故事情境，从而更深入地理解故事及其中的角色。

仿编和创作是培养幼儿艺术素养的重要手段。通过模仿和创作，幼儿可以体验艺术语言之美，学会欣赏和模拟，从而发挥想象力和表现力。这种亲身参与的体验不仅促进了幼儿对文学作品的理解，还培养了他们的创造性思维和表达能力。

早期阅读对幼儿的全面发展至关重要。形象生动、图文并茂的阅读资料能够吸引幼儿的注意力，引导他们独立阅读，并探究文字的含义。同时，鼓励幼儿进行创造性想象，通过绘画、书写等方式表达对故事的理解和感受，有助于他们建立自信心和自我表达能力。

此外，书籍中蕴含的教育价值对幼儿的全面发展有潜在影响。故事中所涉及的安全保护、生活常识、卫生习惯等内容，通过阅读可以深入幼儿的心灵，引导他们形成正确的价值观和行为习惯，为他们未来的成长奠定良好的基础。

3. 以游戏化的情景、环境和材料为组织实施保障

仅仅给幼儿提供具有幼儿语言中心体验的活动是不够的，就其自身而言，其趋向于技能化和知识化，应当以游戏化的情境，以语言为游戏材料进行活动。如下：

（1）合唱排练（小班）

什么圆，圆上了天，什么圆圆水中间，什么圆圆门前挂，什么圆圆小孩前。

月亮圆，圆上了天，荷叶圆圆水中间，灯笼圆圆门前挂，皮球圆圆小孩前。（幼儿自由发挥）

儿歌最显著的特点就是它容易被人记住，非常适用幼儿的口头吟唱。如以上的合唱活动，它不仅具有童谣节奏，而且还具有音乐美，可以激发幼儿的思维，激发幼儿的学习兴趣。而且，用这种方式，也可以扩展到其他的猜谜方法，提升幼儿对事物的高度、体重、长度、颜色等外观特点的认知。

（2）开展"我最爱的汽车"的对话（中班）

这是什么？没错，只要被这根小小的魔杖击中，她就会变成小魔仙，跟我去魔仙堡做客。不过，这魔仙堡离得好远啊，要坐马车去，坐哪辆马车啊？对话的关键在于对话的主题引入，以上的对话是以幼儿熟悉的"车"作为对话的主题，这与普通的话语和物品的引入有很大区别，它通过魔法般的音乐，给予幼儿一幅卡通人物的肖像，营造出幼儿向往的情景，以调动幼儿的学习热情。这是主题的开始，两个幼儿聊得很开心。

（3）让幼儿说一说《谁和谁好》

活动一：今早，我们一起在教室朗诵诗歌《谁和谁好》。小花偷偷地对我说，她要做一个小小的魔法，让幼儿猜她的好朋友是什么样子的，每个人都把自己打扮得光彩夺目，为花朵寻找的朋友不可复述，并说出每个人对花朵都好的原因。假如能找出十个花朵的好朋友，它们就会到我们这里来，与我们一同游戏。

活动二：制作三张图形卡片（柳树，女孩，小汽车，牛奶，小花，太阳，小鸟，录音机，电话等）；将幼儿分为两个小组进行竞赛，每个小组各有一位幼儿挑选两个"谁和谁好"的卡牌，说明为什么他们会成为好朋友，选出的两个好朋友不允许再给别人，最后将卡牌取出来放在自己小组的篮子里，卡牌最多的小组获胜。

讲述活动和交谈具有一致性的逻辑性，只是需要较高的幼儿思维能力。以上活动都是基于幼儿已经有的诗词知识，为了给幼儿引入新的语言知识，通过模仿和编造，让小朋友由 A~A+ 的形式，学习了诗歌《谁和谁好》之后，再从他们自己的角度，联想到"和花好"这个词。这是一个类似于变戏法的"看书"，幼儿通过对原文的学习，通过说出"谁和花好"，使花瓣呈现出另一种色彩，使幼儿对此有了期望，使幼儿有了更多的想象，增强了幼儿的语言表达能力，同时也使幼儿的好奇心得到

了极大的满足。此外，变换花瓣的色彩，还能对幼儿的表现产生反馈，增强幼儿的自信，增强幼儿的自我认同。而后者，是 A~ B+，在幼儿学习了诗的叙事体验之后，教师会告诉他们一些有用的讯息，让他们可以借由讲述 A 的方式来讲述其他事物。通过规则游戏的设定，激发幼儿竞争、竞赛的心理，从而对幼儿的思维进行挑战，让幼儿一直处于充满热情和激情的环境中。

（4）《粽子的故事》，阅读活动（中班）

第一部分：谈话导入

第二部分：看幻灯片，分阶段地播放

··················

教师：你们愿意去老奶奶家，和我一起吃粽子，听我讲故事吗？如果你想去老奶奶家听故事，那么你首先要尝的就是老奶奶做的粽子，大家会不会讲故事呢？

①"吃，吃，吃，吃完，"（揭开第一个粽子）"听得见吗？"

在这个故事中，老奶奶是用什么来包粽子的？（幼儿举手，答对的话，就请幼儿吃粽子）

天在下着雨，淅淅沥沥，真好，我说什么来着？（幼儿举起了手）

天在下着雨，沙沙，丁丁，真好，我说了些什么？

②"吃吃喝喝，吃吃喝喝"（揭开下一个粽子）："接龙"

（小熊、熊猫……）

（小熊在路上走，路上发生了什么事……）

③"吃吃喝喝，吃吃喝喝"（揭开第三个粽子）："悄悄话"

（"端午吃粽子"）

教师：你可真有本事到老奶奶的小木屋里去吃粽子，听故事，然后再来看看其他同学，谁还去了老奶奶屋子里吃粽子讲故事了。

教师接着给幼儿讲述下面的故事，并邀请小朋友回家和老奶奶一起包粽子，并聆听老奶奶讲的故事。

它的主要任务是让幼儿去了解传统文化节日——端午节的背景，通过创新的方式，将故事外的三个"粽子"融入课堂中，让幼儿学会倾听，学会运用词语，学会表达自己的想法，从而提高幼儿的语言水平，让他们体验一种游戏般的快乐。

（5）阅读图画书的故事《小猫的生日》(中班)

教师：小朋友们，老师给大家介绍一只可爱的小动物，它就躲在这个小布袋里，想不想认识它？那么，我就让大家来摸一下，猜猜看是什么？（请幼儿试着去摸一摸，猜一猜）

教师：这只小猫咪有什么好事儿，正开心地咧着嘴巴？（让幼儿猜一猜）

教师：老师拿出一幅图片（猫咪正面对着一块饼），让小朋友们看一看究竟是怎么回事。（原来是小猫在庆祝自己的生日，看见了吗？）怪不得它那么开心呢，让我们来看看这个故事中的小猫如何庆祝自己的生日吧。

教师在不使用任何文字说明的情况下，为幼儿播放音乐，翻阅这本手绘大图书。（当音乐响起"啊，为什么断电"时，幼儿将停止阅读）

教师：有谁讲讲在猫咪生日会发生了什么？（幼儿纷纷举手）

不停地看书。

教师：当这只猫咪把手电筒打开时，整个房子都明亮起来，当它把橱柜打开时，发现在那里有什么？"咚咚咚"，有人进来了，书籍上只有一只动物的影像。

教师：你们猜猜看，哪一只小动物来了呢？（大家都举起手）

····················

幼儿在前期的读书过程中，需要具备对图画的了解以及与之相配的语言能力。在本次活动中，教师通过创造一本大的书籍，让幼儿一起阅读，再加上音乐，形成了一个由浅到深的学习过程，分为四个阶段：第一，看书，通过摸口袋和小猫毛绒玩具等来帮助幼儿理解书中要注意的要点；第二，通过看照片，照片中有一只简单的小猫和一块蛋糕，并将前面的照片和重要剧情进行复述，这样就可以引导幼儿去猜下一个故事，引导幼儿去了解书籍内容，从而进一步深化幼儿对它的了解；第三，在阅读的过程中，绘本是最重要的一环，其中隐藏着许多小奥秘，让幼儿在绘本中感受更多的乐趣，为幼儿提供更多的探究机会，这些都是我们在绘本中所需要的情境素材；第四，通过画出动物的形象，让幼儿猜测，并将其与礼品搭配，从而达到加深阅读理解的目的。这种阅读活动贯穿于整个阅读过程，是一种多姿多彩的阅读形式，能充分激发幼儿的阅读积极性。

4. 以构建语言领域课程游戏化评价机制为提升手段

让语言领域课程游戏化方案实现良好的动态循环，是对整个教育过程进行调节控制，使其朝着促进幼儿语言核心经验获得的方向发展，是对游戏化教育教学手段和过程进行持续优化的一个重要方面。

要想建立一个幼儿园语言课程的游戏化评估机制，首先要明确一个评估的内容。在评估的过程中，我们要改变的是，评估的内容不局限于方案计划等文字符号。并要对幼儿语言能力的发展进行观察，并对幼儿语言发展周围的一切因素的有效性进行实现。

在评价幼儿园语言领域课程游戏化的关键点中，采取自然条件下的观察评估法是首要考虑。这种方法有助于教师更准确地了解每个幼儿的语言发展情况，因为它在日常生活中捕捉到的幼儿语言行为更为真实和全面。接着，倡导"幼儿语言发展水平观察评估"强调了对每一名幼儿进行个性化的发展性语言描述，这有助于更好地理解幼儿的语言特点和需要。同时，构建幼儿个性化的幼儿语言能力发展和成长档案，可以帮助教师更系统地跟踪和记录幼儿的语言发展历程，从而更好地指导实践。另外，着重评估其他活动要素，并与活动后的幼儿语言发展效度相结合，可以有效地促进幼儿语言的全面发展。通过分析各个活动要素在推动幼儿语言发展方面的效能，并进行理性调整，有助于优化语言课程的设计和实施。更重要的是，以幼儿为中心，充分发挥他们的主观能动性和积极性，可以激发幼儿参与语言活动的热情，从而提升学习效果。将幼儿良好的情绪体验作为语言课程游戏化方案的核心，有助于营造积极的学习氛围，增强幼儿的学习动机和情感投入。最后，让教师摆脱对语言课程目标完全依赖省编教材的被动局面，促进幼儿的有效学习，意味着鼓励教师更加灵活地运用各种教学资源和方法，以满足幼儿个性化的学习需求，从而提高语言课程的针对性和实效性。

（三）提升教师语言领域课程游戏化的专业力

因此，本节提出基于幼儿心理健康教育理论的研究方法，旨在为幼儿心理健康教育理论研究提供参考。但是，大多数教师在面对语言领域课程游戏化时，都会感到自己的能力有所欠缺。教师会说自己很注重语言游戏教学的价值，但是在幼儿园语言领域课程教育的过程中，并没有迹象显示，教师会很自觉地把游戏精神和游戏理念作为课程规划和实施向导。更别提在语言教学中，会自觉地推进游戏的过程；另外，95.6% 的语言教师认为自己在语言教学中仍需提高自己的游戏性水平。

1. 语言认知：加强语言教育素养

要想提高教师语言课程的专业化水平，就必须从教师的语言认知入手，强化教师的语言素养，让教师在教学中更好地发挥教学能力，从里到外都能感受到语言教学的魅力。

语言素养的差异所反映出的语言教学也不尽相同，就好比一位满嘴东北口音的语言教师如何能在语言教学的紧要关头，让小朋友学会普通话？缺乏语言感染力的教师如何吸引幼儿，激发幼儿对语言的兴趣？因此，提升教师的语言水平，首先，要保证普通话说得好，尽量不要把口语带进课堂。其次，幼儿园应该为教师提供有计划的新的教学方法，这两类认知活动是相互补充的，它们不仅需要以文学作品为基础，更需要以优美的文字来修饰。这可以推动教师在学习语言中的模仿行为，同时，教师要有独立思考的能力，要有方法地运用，要有创造力，由此将有助于提高教师的语言审美素养与艺术素养。最后，在具体的教学实践中，教师要养成灵活、机智、生动、优美的语言，教师的语言要丰富多样，富有童趣，能够打动幼儿的内心。

对于语言的教育，教师要做到熟稔于心、游刃有余，就必须了解幼儿语言的发展规律、学前阶段语言发展目标和具体内容，在充分掌握教学对象和教学内容的前提下，构造出一个与自己所处的课堂环境相适应的幼儿语言个人发展成长文件包等，从而使教师能够进行具有个性化的、有针对性的语言教学，而这一切都需要教师进行长时间的、持续的教学和经验总结。

2. 相辅相成：课程与游戏互为生成

提升教师语言课程游戏化、建构化和专业化水平，以现有的语言知识为基础，推动游戏精神和语言教学的有机融合，为不同的语言领域设定适当的游戏环节，在每次有趣的游戏经验中，发掘对教学有帮助的语言教学要素，使其相互生成和转化，达到相辅相成的效果。

第一，在语料库中生成游戏。这里的"生成器"是一种兼具了教育性和娱乐性的工具性的游戏，幼儿可以把自己在教学中所获取的知识运用到"玩"中去，从而使其变得更加强大。比如，当教师和幼儿一起读完《小兔的玩具店》这一图画之后，幼儿明白了将玩具按照种类、颜色、大小进行排列的重要性，幼儿一边用清楚的词语来形容玩具的特点，一边把玩具的分类运用到角色表演中，这样的转换就变得很顺利，而且达到的目的也很显然。因此，游戏的转换必须在语言的范畴内进行，对幼儿来说，"玩"比什么都重要，对教师而言，其教学价值在于"浸润"。

第二，在"玩"中生成语言的教育因子，"玩"可以是事先预设的目的性的"玩"，也可以是幼儿自主性的"玩"。在游戏中，幼儿通过预先设定的教学要素，自主地生成新的教学对象和教学方式，这是幼儿不断拓展的表现。安吉幼儿园园长章洁认为："以游戏为本的教学，就是教师通过对幼儿游戏的观察、记录和分析，根据幼儿的思维、需要和经验，设计出具有教学意图、教学目标和教学任务的教学过程。"在游戏的过程中，所产生的奇思妙想、奇遇体验，能够将其转换为在教学中重现的语言经验和具有系统性的语言知识体系，从而推动了幼儿认知结构的构建。比如，在"由于……因而……""解释行动"这一教学目标的"人会飞好，人不会飞好"的前提下，幼儿会产生一个新颖的想法，"人会飞翔，那么人就可以很轻松地像蒲公英那样周游世界"，这样，幼儿就会对蒲公英产生好奇，并由此引发出下面的语言学习行为，那就是读诗《蒲公英》。这样的循环往复，就形成了语言教学和游戏的循环，和共生的关系。

3. 介入适度：学会有效观察

要使语言课堂上的游戏得以产生，要使语言在游戏中的教育因素得以挖掘，都需要教师的介入。及时恰当的介入，能使幼儿的玩耍经验产生得更好，并将发掘出其中隐藏的教学要素，从而使幼儿对学习语言的游戏情感需要得到满足。反之，则会导致游戏被打断，幼儿产生情绪上的不满。

　　首先，教师要有一个清晰的观察目标，经过调查，决定接下来的行为；其次，教师要有一个明确的教学目的，比如：幼儿对周围的环境有没有兴趣，幼儿能否很好地使用教材，幼儿的语言技巧有没有得到很好的发展和发挥，幼儿的情感经验是否产生了正面的影响，幼儿与同伴是否相互影响，幼儿的注意力有无集中；最后，教师应该对幼儿的行为进行理解，并将幼儿的显性的语言行为与表现，转换到幼儿目前的语言发展水平。这是一种从实践走向理论的返璞归真，也是一次显著提升教师在"玩"中的职业素质的过程。

　　不管是从内部的学习需求，还是来自外界的学习压力，都应该对此进行清晰的认识，那就是：幼儿园并不是一个让教师放松舒适的场所，幼儿教师不是一个审问词、逗幼儿玩的角色，语言教育不是仅仅依靠说说话、认识字，就能让幼儿快速成长。要想做一位幼儿园教师，就一定要有完全为幼儿成长着想的信念和勇气，将自己的全部身心都融入到幼儿的生活中，创造出最适合他们的教学环境和最舒适的教学氛围。

第五章　幼儿园艺术领域游戏化课程模式

第一节　幼儿园艺术领域课程

一、幼儿园艺术领域课程概述

（一）幼儿园艺术领域课程的内涵

在幼儿园艺术领域课程研究中，三种典型的课程定义提供了不同的视角和重点。

一是杨敏在《幼儿园艺术课程改革的实践探索》中，强调艺术课程是一个综合教学体系，旨在提高幼儿的美学素养。他认为，艺术课程应与其他课程相互独立、渗透、融合，以推动幼儿身心协调发展。这一观点突出了对美学素养的重视，强调了艺术在幼儿教育中的独特地位。

二是《学前儿童艺术综合教育课程研究简介》提出了将音乐、艺术和文学三者融合为一体的综合课程。该研究以各专业基本理念为出发点，有机地结合起来，旨在提供一种全面的艺术教育。这种定义强调了跨学科的融合，认为音乐、艺术和文学应该相互渗透，为幼儿提供更加多元化的艺术体验。

三是《综合艺术课程的实施与策略》将音乐、艺术、戏剧、舞蹈等学科相互渗透，并注重技巧与人文科学的结合，以实现艺术与人文素质的全面发展。这一定义突出了不仅仅是单一艺术形式的融合，还包括了跨领域的交叉，强调了技能与人文素质的综合发展。

综合分析这三种定义可以发现，它们的侧重点各不相同：第一种强调美学素养，着眼于培养幼儿的审美能力；而后两种更注重不同艺术领域之间的渗透和融合，强调提供全面的艺术体验。基于这些定义，对幼儿园艺术领域课程进行了基本定义：以音乐、艺术、文学活动为主体，以培养幼儿的审美素养为核心，同时推动幼儿身体与心理的协调发展为目的的综合性课程。

（二）幼儿园艺术领域课程的基本理念

虽然对于幼儿园艺术领域课程的定义还没有一个统一的标准，但对于艺术领域课程的基本思想，已有一个共识，主要表现为以下四方面。

1. 融合多门艺术学科，促进综合艺术能力

多种艺术形态的自然结合为幼儿提供了一个轻松、生动、丰富的教学氛围。在这样的环境中，幼儿能够从各种艺术形式中得到灵感，并且通过多样的表达方式来展现自己的想法和感受。其次，幼儿艺术教育应创建音乐、美术、舞蹈等学科相互支持、相互补充的学习环境。例如，通过音乐的节奏感和舞蹈的动感，可以激发幼儿对于美术创作的灵感，从而形成艺术学科之间的良性互动与促进。这种综合的教学环境有助于培养幼儿的综合艺术能力，使他们在不同领域都能够得心应手地表达自己的想法和情感。

2. 在完整的艺术活动中形成艺术能力

完整艺术活动培养艺术能力的关键在于活动内容的全面性与多样性。艺术活动内容应综合多方面，包括节奏乐、音乐欣赏、艺术欣赏等。这样的活动设计能够全面激发幼儿的感知和创造力，使其在不同艺术形式中都能够得到充分的发展。而在艺术活动中，幼儿不仅应专注于感知和欣赏，更应涵盖创造与思维的层面。通过艺术活动，幼儿能够培养自己的创造性思维，学会将自己的想法与感受转化为具体的表达形式。他们要亲身感受并接纳那些来自名家及同行的作品，并从中获得灵感及创造。他们需要自己进行创造，但是创造也是基于对大师作品的感悟和对丰富日常生活的联想，或者是对人们的情感和生活有一定的体会。他们要擅长思考，把感受转化为感悟，把自己的创作重新审视。

3. 强调艺术学习的个性化

当代幼儿教育核心理念是教育面向全体，以幼儿的发展为本。主要方针是提高每个孩子的能力。教育目标旨在确保每个幼儿都有学习机会，充分发展。个性化教育则是根据每个幼儿的生活背景和学习环境，充分考虑，让其主体性得到发挥，创造参与体验、主动探索、积极实践的氛围。在艺术教育中，尊重每个幼儿的个性特征尤为重要。教育者应鼓励有个性的艺术活动，培养幼儿意识到自身独特性和价值，成为有个性的个体。这种个性化的教育方式有助于激发幼儿的创造力和自信心，促进其全面发展。

4. 主张开展具有游戏性的艺术活动

（1）在此期间，幼儿有很多机会扮演并进入不同的角色，幼儿的艺术交流能力得以培养，既可以提高幼儿的艺术能力，又可以提高幼儿的语言智能。

（2）在游戏的过程中，幼儿经常有自我展示的机会，而且这些自我展示都和他们的视觉、艺术和造型技能有着密切的关系，随着时间的推移，幼儿的空间智能、自我认知智能、交流智能也会同时发展起来。

（3）在游戏中，幼儿能够得到大量的节拍训练，进而发展幼儿的音乐和舞蹈才

能，无形地增强幼儿对乐曲的感知和理解力。

（4）幼儿在游戏中经常有机会"建构"物品，而"建构"往往与其手工操作密切相关。在许多情况下，幼儿在"建构"的过程中也需要与其他幼儿进行协作，这会不知不觉地提高幼儿的身体运动能力、空间能力以及与人交往的能力。

（三）幼儿园艺术领域课程发展的影响因素

1. 教师观念

在教学的过程中，教师会给予幼儿一定的高难度技巧，使幼儿了解和应用它们。例如，学习音乐时，让幼儿长时间发出高音。这样的教学方法，仅仅注重效果而忽视过程，不能使幼儿深入感受到美的意义。在新一轮的教学中，我们提倡每个教师都要转变"重成果轻过程"和"重技巧轻方法"的教学理念。为此，我们应该改变教学理念，让我们的艺术活动变得有趣，让我们的生活变得有趣。首先，教师与幼儿都应处在一种快乐的境界之中，他们在美中得到快乐，也将在快乐中感受美、体会美。从"苦学"走向"乐学"的美育、由"玩中学"到"学中创"的转化，使幼儿充分发挥自己的潜能，获得成就感。其次，教师要想尽一切办法，让幼儿在一个无拘无束的、轻松愉快的环境中，学会如何去思考，如何从"不会""不懂"中找到答案，怎样大胆地尝试。要以积极的教学态度，持续地鼓励幼儿去观察、去实践、去探索、去创新，激发幼儿的好奇心和内心的动力。

2. 家庭环境

家长对幼儿的美学理念和艺术情趣有着深远的影响。家长作为幼儿模仿的主要对象，在他们身上展现的审美观念和艺术态度会直接影响到孩子。一个家庭中，如果父母对美有敏锐的感知并且积极地去创造美的生活环境，孩子们往往也会在这种氛围中自然而然地接受到美的熏陶。

家庭文化氛围对幼儿的成长起着直接、深远的作用。文明、健康、积极的家庭氛围是艺术教育的前提条件，这种氛围会塑造孩子的审美情趣和艺术修养。因此，创造良好的生活空间是关键。

3. 社区文化

社区的文化传统、风土人情，都会影响到幼儿园的艺术教学，因此，要将社区作为一种教学资源加以利用，要注意社区文化的传承，在传承的同时还要不断地进行开发，这样，幼儿就可以感受到各种各样的社区文化，从而更好地开阔自己的视野，让他们对当地文化有更深刻的认识。首先，在进行社区艺术教学时，必须对当地的民风民情、基础设施等有足够的认识。其次，要对幼儿现有的社会经验和生活经验等进行全面的了解，并在此基础上对幼儿进行适当的教学，如：通过问卷调查和访谈等方式，对幼儿的认知结构进行深入研究。最后，要充分发挥学校文化的优势和作用。要从幼儿已有经验、教师预设目标、幼儿需提升经验等方面，把幼儿在社区生活中能接触到的、常见的艺术内容和大纲要求的艺术内容结合起来，让社会上的人、物、资源为美育服务。

（四）优化幼儿园艺术领域课程的重要途径

1. 艺术课程要具有生活性

幼儿艺术活动应当根据幼儿的认知规律和特征，突出综合性和趣味性。教师在开展幼儿园艺术教育时应与幼儿的日常生活结合，将艺术教育贯穿于课程和日常活动中。通过生活和游戏的方式进行教育，可以更好地激发幼儿的学习兴趣和创造力。这样的教育方式不仅能够提高幼儿的审美水平，还能够促进其综合发展。在这个过程中，教师应当尽可能地给予幼儿更多的自主空间，让他们自然地发挥对美的爱。所以，教师不仅要让幼儿在节日中尽情地玩耍、尽情地表演、尽情地创造，而且要带着幼儿到外面去，去观赏美丽的自然风光，去参观博物馆、艺术馆、科学宫、游乐园，去参加各种各样的社会实践，指导幼儿去寻找身边的美，从而提高幼儿的审美直觉、审美意识、审美情趣。

2. 艺术课程要具有人本性

在艺术教育中，重要的一点是以幼儿为中心。这意味着要认可每个幼儿的独立个体，接受他们的观点和情感。此外，幼儿应该意识到自己是有价值的，这需要教师的引导和指导，以发掘他们的艺术潜力。教学观念也在逐渐改变，从过去的"教师教"到现在的"幼儿学"，从"教材"到"幼儿"。这种转变以情感为基础，旨在引导幼儿进行有意义的学习。幼儿的学习是自发的行为，需要主动探究和内在动力。因此，艺术教育不仅仅是传授知识或技能，更应该涵盖幼儿的情绪、态度、行为和性格等多个层面，实现教育的全面性。另外，艺术教育应强调幼儿的主体性、参与性和创造力，尊重幼儿的个体差异，发挥他们的主观能动性，从而促进他们的全面发展。

3. 艺术课程要具有渗透性

《幼儿园教育指导纲要》规定：幼儿园教学是综合性和启蒙性的教学，可以分为五大类，即体育类、语言类、社会类、科学类和艺术类。实践证明五大类教学之间互相融合，可以从多个方面促进幼儿情感、态度、能力、知识、技能等方面的发展。因此，为了促进各个学科的良好发展，需要强化学科之间的相互渗透，以完整而全面地达到教学目的。

只要我们从生活的角度、人文的角度、渗透的角度去认识幼儿艺术，我们将发现，艺术是无所不在的。

二、幼儿园艺术领域课程游戏化

（一）问题的提出

《幼儿园教育指导纲要（试行）》明确提出："幼儿园要重视幼儿在学习过程中的经验和体验，重视幼儿身体与心理发展的特征与规律。"《幼儿园教师专业标准（试行）》也提出要"尊重幼儿权益，以幼儿为主体，充分调动和发挥幼儿的主动性"。在游戏的过程中，可以充分发挥幼儿的主观能动性，让幼儿进行自主选择，利用自身的能力，发挥想象力和创造力，体会与他人的协商、合作与冲突，进而促进幼儿的全面、协调发展。玩永远是幼儿最重要的事情。从某种意义上说，幼儿的游戏学习有助于幼儿的身心健康地发展。幼儿需要游戏，而且必须游戏，幼儿的玩的价值观念的发展是一个曲折而艰难的历程。随着科技的进步，时间的推移，人们对"游戏"有了更多的了解。然而，我国当前的学校艺术教育及社会艺术教育已不能，让人民群众生活得更加愉快、更加精彩，艺术教育已成为一种持续的机械性训练，只是为了艺术教育而进行的。在艺术教学中，幼儿的主动性被极大地削弱，幼儿的行为大多是被动的、被压制的，幼儿所能做的就是服从家长的安排，为了考试，为了得奖，抑或是为了避免与家长和教师发生冲突。成人在没有考虑到幼儿自身兴趣的情况下，随意地对幼儿进行形塑，导致幼儿的原始美学价值取向受到极大的压制和破坏，重复的机械式艺术教育对幼儿的成长造成很大的负面影响，也使幼儿对艺术本身产生抵触和排斥情绪。

（二）研究目的

在对幼儿园游戏论、幼儿园课程与教学论、幼儿园艺术领域课程等有关文献进行整理之后，本节对幼儿园艺术领域课程的现状进行了调查，并对幼儿园艺术领域课程游戏化的原因进行了分析。以此为依据，本节就如何建立幼儿园艺术领域课程游戏化的实现策略展开探讨。通过这种方式来提升幼儿在艺术课程中的快乐学习能力，提升教师艺术领域课程游戏化的职业素养，进而提升幼儿园艺术领域课程的品质。

（三）研究意义

研究意义在于审视幼儿园艺术课程，以探讨游戏化教学的实施方法，为幼儿教育提供理论和实践指导。幼儿期是人生中最为关键的成长时期之一，艺术教育在此时期扮演着重要的角色。通过对幼儿园艺术领域课程的审视和反思，可以发现现有教学方法的局限性，游戏化教学则被认为是一种更加符合幼儿认知和学习特点的方法。因此，研究游戏化教学在幼儿园艺术教育中的应用，对于改进教学质量、激发幼儿学习兴趣具有重要的意义。

1. 理论意义

理论意义主要在于深入探讨游戏化在幼儿园艺术教学中的概念、特点、价值及存在的问题和解决对策。通过系统分析游戏化教学的相关理论，可以为游戏化与幼儿教育的深度融合提供理论基础。同时，充实、补充、完善幼儿活动与艺术学科整合的相关理论，有助于将游戏引入幼儿园艺术课程并取得更好的教学效果。这不仅为教师提供了更多的教学理论支持，也为幼儿的全面发展提供了更为科学的指导。

2. 实践意义

实践意义体现在通过对幼儿园课程游戏化的调研、分析问题及原因，并提出实践建议，来促进幼儿园艺术领域课程的游戏化实践。通过实践，可以更直观地了解游戏化教学的效果，并及时发现和解决问题，提高教师的游戏化水平，进而提升课程质量。此外，游戏化教学还能够激发幼儿的学习兴趣和积极性，使他们在轻松愉快的氛围中更好地学习和成长。因此，研究和实践幼儿园艺术领域课程的游戏化教学具有重要的现实意义，对提升幼儿园教育质量具有积极的推动作用。

（四）研究方法

1. 文献分析法

在对与幼儿园艺术领域课程游戏化相关的幼儿园游戏论、幼儿园课程与教学论、幼儿园艺术领域课程等理论展开分析的基础上，对与幼儿园艺术领域课程游戏化的已有研究成果进行了了解。

2. 观察法

在幼儿园艺术领域课程游戏化的大环境下，对整个教学过程做细致的观测与记录。基于对幼儿园艺术领域课程的现场观察，本作品以幼儿园课程的游戏化思想为基础，对幼儿园艺术领域的课程进行了较为全面和深入的研究。

3. 案例分析法

前往幼儿园，对艺术领域课程的实施进行现场考察，收集并分析艺术领域课程活动的案例，通过对实际案例的分析，揭示当前幼儿园艺术领域的教学中所面临的问题，并探索建立幼儿园艺术领域教学中"游戏化"的有效策略。

4. 访谈法

以开放式访谈为主，辅以观察法和案例分析等方法，深入探讨幼儿园艺术教学中的游戏化问题。对幼儿园艺术领域课程缺失的现状进行更深层次的检视，对其原因进行深度剖析。

（五）创新之处

为了使游戏能更好地促进幼儿艺术教育的发展，笔者尝试对其进行系统、全面和深入的研究：首先，对幼儿园艺术教育中的"游戏性"进行创新性的补充和完善；其次，运用观察、记录、个案研究等手段，对幼儿艺术活动的题材与组织方式进行创新性研究，以"游戏性"概念为基础，以特殊的视角剖析目前幼儿艺术活动中所面临的问题，并运用观察记录等手段对其进行归因分析。最后，针对幼儿艺术生活中的游戏性问题，给出一套行之有效且不同以往的实施方案，以期为幼儿艺术活动提供一套切实可行的实施方案。本研究将在理论和实践两个层次上提高幼儿园艺术领域课程的教学质量，将有助于发挥幼儿的主观能动性，为提高教师的职业素养等方面提供一些理论依据与现实依据。

（六）研究步骤

1. 第一阶段：准备阶段

制订项目计划，做项目的前期研究，撰写项目的可行性分析，并提交项目申请。

2. 第二阶段：实施阶段

在该项目的全部初步工作完成之后，进行中间的论证，接下来就可以正式进行项目研究的实际操作，设计项目的研究方案，并将其运用于实际，最后撰写研究报告和个案分析。在此基础之上，对前人的工作进行回顾与归纳，以求在今后的工作中不断地进行修正与改进，在实践中不断地深入，在理论上不断地提升。

3. 第三阶段：总结阶段

对所取得的研究成果进行汇总，并编写相关文章。对上一阶段积累的材料进行分析总结和提炼，并对课题研究的内容和结论进行不断的完善，并展开最终的研究，形成研究论文序列和案例研究集。负责项目的调研，并在此基础上进行总结。对所收集到的有关信息进行汇总，并将其转化为文字，以便对专题进行综合性的叙述。负责编写教学改革文章，对教学实践中取得的成绩进行总结，对已完成的项目进行结题，并进行总体项目的评审、结题。

（七）研究内容

1. 幼儿园艺术领域课程的现实审视

（1）在理念方面：对于"游戏"这一艺术领域的认知不足。幼儿园艺术课的"游戏"，指的是在幼儿园的艺术课上，把"游戏"的思想与精神贯穿其中，采取适当的游戏方式，使幼儿能够愉快地学习，从而使身体与心理得到协调与充分的发展。怎样才能让幼儿幸福地长大，这是一个值得我们学习和思考的问题。在幼儿园艺术教学中，以幼儿发展为中心，以促进幼儿幸福地成长为目标。

（2）在环境创造方面：游戏场景创造的适宜度不足。游戏环境是一种不断改变的体系，无论是时间、空间，还是游戏内容，都应是有序地向幼儿传递着一些信息，告诉他们应该怎么去做。游戏情境对幼儿是否能够参与到幼儿园艺术活动中，起到一定的限制和导向作用。在具有美学的氛围下，幼儿的美学素质和创作水平都将得到很大的提升。"我们之所以看重环境，是由于它能够组织和增进不同年龄人群间的欢乐情感，创造出优美的环境，使其具有多样性，使其可以有更多的选择和行为，同时，它还能够激发各种社交、情感和认知的能力，从而有助于提升幼儿的幸福感和安全感。"

（3）从教学目的来看：游戏性质不足，强调"结果"轻"过程"。艺术教育的焦点在于强调过程而非结果。这一点至关重要，因为幼儿阶段的学习不仅仅是为了获得特定的技能或成果，更应该是通过感知、表达和创造美来获得愉快和协调的游戏经验。在这个过程中，幼儿能够体验到最真实、感动的生活。因此，教学目的的关键是提供一个创造性的环境，让幼儿能够自由地探索和表达他们的想法和感受。这种环境有助于培养幼儿的想象力、创造力和审美意识，为他们未来的发展奠定良好的基础。

（4）在教育的内容方面：幼儿对教育的兴趣不足，幼儿的参与度不高。应该选择合理的内容来激发幼儿的兴趣，让他们能够主动参与艺术活动。这些内容应该是与幼儿年龄和发展水平相适应的，同时又能够引起他们的兴趣和好奇心。重点是让幼儿理解艺术是一种特殊的方式，通过感受、表现和创造美来表达自己。这不仅可以帮助他们发展艺术技能，还可以培养他们的情感和审美能力。

（5）在执行层面：忽视了幼儿的主观发展与愉悦感受，没有意识到要有组织、有计划地进行艺术活动，才能使幼儿得到更好的成长。教学是人的一种有系统的社会活动。"游戏的发展、维持、深化，都离不开教师的行为。"因此，教师应完善自我，以幼儿为本地执行正确的课程内容。

（6）在评价方面：在评价幼儿园艺术项目时，首要关注点在于项目本身，着重考量幼儿从中获得的美学和娱乐体验。评价不应偏离项目本身，不应受到其他方面的干扰。游戏化的概念是关键，它涉及到幼儿在艺术活动中的表现以及其艺术作品的呈现。这反映了教师的价值观和对幼儿艺术创作的价值和情感意义的理解。在评价反思阶段，教师需要细致观察幼儿的知识、技能、过程、方法、情绪和态度等发展历程。此外，对幼儿展开各种形式的记录和评价至关重要。通过培养幼儿的艺术情感，以及通过多样化、全面化的反思，教师可以发现和解决问题，从而提升课程质量。这意味着评价不仅仅是对成果的审视，更是对整个过程的理解和促进，旨在激发幼儿的创造性思维和艺术潜能。

2.问题归因

（1）受传统教育思想的束缚

要完全理解人，必须深入研究客观精神根源和文化作用条件。在历史的某个阶段，中国社会推崇儒学，强调"业精于勤荒于嬉"，将游戏视为一种消遣，认为沉迷玩乐会导致志向消沉。因此，幼儿被视为"无知之辈"，其教育和引导被认为应由大人负责。

在这样的观念影响下，传统游戏观、伦理道德观以及对少年的认知，衍生出了对教育和教养的特定观念，使得游戏与教学之间产生了矛盾。教师被看作游戏中的"主角"，而幼儿则被视为"配角"，他们的角色似乎被刻板地划分开来。

这种传统教育理念深深植根于人们的心中，也对幼儿园艺术领域课程的游戏化产生了影响。这种影响阻碍了幼儿自主发展能力的培养，因为他们被视为需要受到严格引导的对象，而不是自由探索的个体。这也不利于促进良好的幼儿园艺术领域课程的游戏化，因为游戏化需要一种开放的教育环境和对孩子自主探索的支持，而传统的教育观念则常常限制了这种可能性。

（2）教师缺乏"游戏性"的教学素质

在幼儿园艺术教育中，幼儿园教师是"游戏性"的执行者。在幼儿园艺术领域课程游戏化里，游戏化的过程只能在教师的实践中转化为实际的教学效果。所以，在幼儿园艺术领域中，游戏化是否能够成功地进行，取决于教师的教育观念、价值观和教育行为。在幼儿艺术教学中，教师的"游戏观"与"课程游戏观"的契合与否，将会直接体现在幼儿艺术教学中的"游戏观"上。即，教师的理念观念、教学行为方式和情绪情感对幼儿园艺术领域课程游戏化的成功实施有很大影响。目前，我国的部分幼儿教师缺乏"游戏性"的教学素质。

（3）缺乏具有"游戏性"的"课程管理"机制

在此基础上，提出我国学前教育发展中存在的问题。教师成为幼儿园艺术领域课程游戏化的执行者，而非参与者。教师与领导、教师与教师之间缺少一条能够有效沟通与交流的通道，导致教师工作动力不足，极易产生职业倦怠，难以形成集体凝聚力。目前，我国在对幼儿园进行经营时，缺乏对幼儿园的人性化关注。在幼儿园开展艺术教学活动，只是需要教师按照自己的意愿去做。但是，有些教师并不了解，也不懂得应该怎样去实施。在幼儿园里，教师的锻炼与进修的时间并不多，日常工作更是把教师挤得水泄不通。

（4）在家庭与社会中，存在着大量的功利倾向

在幼儿园中进行艺术领域的游戏化，也需要家长和社会的配合与支持。家庭教育在幼儿早期教育中占有举足轻重的地位，其与幼儿园教育共同发挥着幼儿早期教育的主要功能。家庭教育的不当同样给幼儿园艺术场里游戏性活动的顺利开展带来消极的影响，进而对整体幼儿教育的发展起到消极的作用。首先，一些父母的思想有问题。中国父母常常用这样的话教导他们的子女："别让他们从一开始就失去机会。"这种说法并不符合幼儿的身体和心理发育，让幼儿在很小的时候就开始在成绩和学习上较劲，这是幼儿不开心的根源。其次，忽略建立家庭与学校之间的交流桥梁。在很长一段时间内，幼儿家长与学校之间的交流的形式较为单一，主要是通过电话、家庭游戏、家长会等方式进行，只限于口头沟通。幼儿园作为完整幼儿教育的一环，忽略了家庭教育在幼儿发展中的重要地位。当与幼儿园沟通幼儿发展情况时，存在着被动、消极的态度。

（八）研究成果

1.观念层面：幼儿园艺术领域课程游戏化之基础

（1）坚持以"游戏"为核心的教育观念，从各个方面来考虑"游戏"的价值观。

在具体的艺术领域课程游戏化的实施过程中，教师要有责任心，要有警觉性，要根据自己和幼儿的实际情况，对其实践活动进行及时的调整。

1）要点：让幼儿学得开心

以"游戏"形式进行幼儿园艺术教学，是一种适合幼儿身心特征的教学方法。艺术是一种让幼儿自己去感受、去体验的课程。幼儿通过自己的实践，掌握相关的知识和技巧，从而掌握参加艺术活动的能力，如唱歌、跳舞、绘画等，能感受美、表达美、创造美，在艺术活动中被艺术美感染。因此，在幼儿园的艺术教育中，应充分发挥游戏的作用。

2）建立在"最近发展区"的基础上

在实施幼儿园艺术领域的课程游戏化时，我们反复强调，要更好地在幼儿的"最近发展区"内进行。所以，在具体的艺术领域课程游戏化实施的过程中，教师应该拥有一种责任心和警觉性，然后根据自己的实际情况，根据幼儿的实际情况，适时地调整自己的教学活动。

3）以"循序渐进"为基本原则，逐步实现目标

幼儿园艺术教育要按照"循序渐进"的原则进行。在教学中，我们要坚持循序渐进的教学方式，使幼儿能更好、更快乐、更健康地学习与成长。

（2）在幼儿园艺术教学的过程中，把"游戏性"观念融入到幼儿园艺术教学之中。

在幼儿园艺术教学中，应把"游戏"理念与"教学"理念有机地结合起来，使其真正融入到幼儿园艺术教学中。在艺术活动中，进行各种形式的游戏，将游戏精神融入其中，创造出一个游戏化的艺术环境，这些都应该逐渐变成教师的一种自觉行为。教师应立足于幼儿的"最近发展区"，按照循序渐进的原则，从过去的教学内容中提炼出新的内容，从对知识的重视转移到对体验的重视，从对艺术环境的重视转移到对艺术环境有趣性的重视。

2. 环境层面：幼儿园艺术领域课程游戏化之推动

（1）为幼儿创造良好的学习氛围

创造物质环境要注意艺术性、适用性和科学性。第一，要对游戏材料进行合理的摆放。第二，必须有足够数量的材料。第三，针对幼儿的年龄特征，提供适当的游戏材料。第四，对"空间"的研究。在教学活动中，可以把学校资源和社会资源转化为适合的物质资源。

（2）营造良好的人文环境

与其他领域的课程相比，在幼儿园艺术教育中，艺术教育可以更直接、更有力量地走进幼儿的情感。比如，幼儿听着有节奏的、欢乐的音乐，他们会不知不觉地跟着音乐跳舞。当幼儿看见漂亮的图画时，他们从心底里佩服。在幼儿的情感方面，艺术是最好的途径，音乐可以利用节奏和旋律，而艺术可以利用色彩、构图等，来直接刺激幼儿的听觉、视觉等，进而对幼儿的思想情感产生强烈影响。

3. 行为层面：幼儿园艺术领域课程游戏化之关键

（1）注重在"过程"上体现"玩"的精神，以提高幼儿"玩"的兴趣

在艺术教育中，关注"过程"是为了展现"玩"的精神，以激发幼儿对"玩"的兴趣。这种关注强调的是活动中的体验和探索过程，而非结果的好坏。通过提供丰富多样的艺术材料和工具，鼓励幼儿自由地探索、尝试和表达，培养他们的创造力和想象力。在这个过程中，教师的角色是引导者和支持者，而非指挥者，让幼儿在玩乐中学习、成长。

（2）注重趣味，注重幼儿的参与程度

为了确保艺术活动的趣味性和幼儿参与度，教育者需要设计新颖、趣味的活动内容，并考虑幼儿的知识、技能和身心发展特点。活动应该与幼儿的生活经验和兴趣相结合，注重与幼儿的情感连接，激发他们的好奇心和探索欲。此外，教育者还应该为幼儿提供合适的挑战，促进其认知和技能的发展，同时留出足够的空间让幼

儿发挥主体作用，培养他们的自主性和自信心。

（3）选择恰当的、高效的"玩"的方式

在幼儿园艺术学科中，以"游戏性"为主要特征的"游戏性"教育，其"游戏性"教育模式应具有一定的灵活性和自由性。运用灵活多样的活动安排，使幼儿能在无形中体会到这门艺术。在此情况下，幼儿会主动地参与其中，从而能够更好地感受和表达艺术。将幼儿园艺术领域课程与幼儿游戏相结合，让幼儿能够愉快地去听、去感受、去体验、去表达，这样不仅能够提高幼儿艺术活动的效果，还可以对幼儿的审美感受与审美能力进行培养。

（4）注重对愉快学习进行自我反思和评价

教学评价是一个非常关键的环节，它既有利于幼儿的成长，又有利于教师自身的成长。在幼儿园艺术教育中，在这个过程中，还需要对它进行监控与调节。对幼儿艺术活动进行评估，有助于教师自我调节，提升自己的教育水平。

4.外部支持：幼儿园艺术领域课程游戏化之保障

（1）加强家长与幼儿园的协作与沟通，增进家长对幼儿园的了解与支持

在幼儿园艺术教育中，家园合作与互动扮演着至关重要的角色。首先，积极的家长参与对于幼儿艺术教育至关重要。通过建立有效的沟通渠道，家长能够了解到孩子在学校中所学到的艺术技能和知识，从而更好地在家中进行延伸和支持。例如，家长可以通过与教师交流，了解孩子在课堂上感兴趣的艺术活动，然后在家中提供相关的材料和指导，以促进孩子的艺术发展。此外，举办亲子活动也是加强家园合作的有效途径。通过参与亲子活动，家长能够更直接地了解到孩子在游戏化学习中所取得的进展，同时也能够与其他家长交流经验，形成共同的教育理念，为孩子的艺术教育提供更全面的支持。其次，理解幼儿游戏化学习的重要性对于家园合作至关重要。游戏化学习是一种以游戏的形式进行教育的方法，能够激发幼儿的学习兴趣，提高学习的效果。家长需要意识到游戏化学习不仅仅是一种娱乐活动，更是一种有效的教育手段。通过参与幼儿园举办的各种游戏化学习活动，家长能够亲身感受到孩子在游戏中所获得的乐趣和收获，从而更加支持和认可幼儿园的教育理念，积极参与到家园合作中来，共同推动孩子的艺术教育。

（2）改进教师的管理与训练体制，提高教师的"游戏"性素养

加强幼儿园美育教师培训，对游戏性课程之认知与教学等方面存在的问题进行探讨。提高幼儿艺术教育教师的专业素质和职业技能，是使幼儿艺术教育活动顺利进行的先决条件。培训形式多样，有集中训练、专题讲座、主题沙龙、辩论会等。首先，建立清晰的教育观念对于教师至关重要。教师需要意识到游戏化教学是一种

有效的教育方式，能够更好地激发幼儿的学习兴趣和提高学习效果。同时，教师还需要明确自己在游戏过程中的作用，不仅要充当引导者的角色，还要成为幼儿游戏活动的参与者，与幼儿共同探索、共同学习。其次，提升教师的组织、观察、指导等方面的能力也是至关重要的。教师需要具备丰富的艺术知识和教学经验，能够根据幼儿的兴趣和特点，设计丰富多彩的艺术活动，引导幼儿积极参与其中，从而达到艺术教育的目标。

第二节　幼儿园艺术领域课程游戏化的特征与价值

一、幼儿园艺术领域课程游戏化的特征

（一）游戏性

利伯曼提出"游戏性"的双重含义："一方面，游戏活动的基本特征，即把游戏性看作活动的客观特性，用以判断活动的性质。另一方面，即指个体的一种个性特征，用以描述个体在不同环境和情境中表现出的相对稳定、可再现、可辨认的个性倾向。"即，游戏性不仅是活动的客观性，也是主体的人格特征之一。首先，相对于其他学科而言，艺术是一种"游戏性"活动，它是一种人类生活的"游戏化"。幼儿园艺术教育，艺术活动可以变成一种游戏性活动，从而达到艺术活动的目的；把赞赏变成表演，把表演变成享受。其次，运用"游戏""转换"等多种形式的活动，可以帮助幼儿维持学习的热情，促进幼儿得到"游戏性"体验。幼儿拥有很高的通感能力，它是一种多通道性的神奇能力。在进行艺术教育的过程中，可以利用对幼儿的游戏理念和游戏精神的渗透，来指导幼儿利用各种感官通道展开艺术活动，艺术活动应该是幼儿手、眼、脑的综合运用。在艺术方面，可以运用游戏进行配合，从而促进幼儿的全面和谐发展。

（二）趣味性

在幼儿园美术课程中，要使其与幼儿的需求相一致，幼儿可以自由地选择活动内容。首先，要确保幼儿的自主权，最重要的是，应该按照幼儿的兴趣和需求选择他们要做的事情，而不是按照教师的主观意志来做。其次，幼儿时期是一个身体和心理发育的特定阶段，幼儿的思维很大程度上取决于他们的感官和直觉。艺术教育的内容应与幼儿的身体和心理发展规律相一致，与幼儿的现实生活相联系。我们应该从多种多样、复杂的生活经验中，提取出符合幼儿生活经验的、有益的学习经验，

并用游戏的方式将其组织起来，这样就可以构成多种多样的、具有趣味性的艺术活动。最后，在幼儿艺术教育中，不仅要注重艺术教育的教学内容，还要注重其教学方式。在幼儿园艺术教学中，可以从游戏情境的创造、游戏的运用和游戏精神的渗透三个方面来进行，从而达到游戏化目的。比如，在《小老鼠上灯台》这一小班课上，教师用游戏情境和角色扮演的方式改变以往纯粹的幼儿倾听与欣赏的方式。

案例1：

小老鼠上灯台（小班乐曲表演）

（教师带领小朋友在音乐中玩车游戏）

T：哦，我们的车子去了一趟动物园，在那儿，看到了什么动物？

C：老虎、孔雀、大象……

T：那么，让我们一起来模仿一下这些动物吧。

T：老师，我看见一个小动物，吱吱吱……这是哪种动物？

C：小老鼠。

（教师讲了一首歌的故事）

T：那只小老鼠是如何爬上灯座的呢？

T：那只小老鼠如何偷走油的？

T：那只小老鼠是如何再次滚落的呢？

（幼儿自己创造，选出一两个代表作品）

（教师指导幼儿随着节奏起舞）

（教师弹唱童谣）

T：那只小老鼠是不是偷走了油？

（播放儿歌）

T：下面老师扮演一只猫，同学们扮演一只小老鼠，只要猫叫了三声，其他的同学就立刻回到原来的座位上。

（教师带领小朋友随着音乐玩游戏）

T：我们参观动物园结束啦，请小朋友们和老师一同驱车返回幼儿园。

（教师带着幼儿做开车游戏，结束活动）

（三）情境性

《现代汉语规范词典》以"情况""境地"等形式对"情境"进行解释，"情境"是一种在一定时空范围内对很多特定情境进行总结的总称。美国心理学家林格伦将"情境"定义为"情景"，即"环境"，即幼儿在"认知"和"学习"中所面对的全部大环境。它是一种对学习有重要作用的语言环境。他所说的"学习环境"，是一个综合各种因素、条件的宏观环境。情境的创造首先要做到"形真"，把一个现实的天地展现在幼儿面前,让幼儿看到五光十色的天地。让幼儿在现实生活中感受世界、感受生活。将教学内容融入幼儿的实际生活中去。其次,要做到"情切",即"情"既是一种教学方式,又是一种教育目标。创设适当的课堂环境,既能调动幼儿的积极性,又能促进幼儿参与到课堂活动中。最后,要"意远",即情境要具有某种深度与广度,既能将幼儿引入情境之中,又能为幼儿创造一个开阔的思想天地。

(四)主体性

主体性包含自觉性、自主性和创造性三个方面。首先,幼儿作为一个独立发展的人,其主体的发展在幼儿园的教育与教学中应受到格外的重视。在艺术领域中,可以使幼儿的主体性得到最大限度的发挥,给予幼儿自主的选择权。其次,幼儿也是要玩的。艺术场域中的游戏性教学,既能促进幼儿艺术素质的提升,又能促进幼儿的骨骼发育,促进幼儿思维能力和想象力的发展。在游戏化的过程中,有丰富的、灵活的、多样的游戏内容和形式,既能激发幼儿产生浓厚的兴趣,也可以通过这些方式,来促进自我开发,以获取游戏式情绪体验。

幼儿园课程的实践性是由幼儿的生理和心理特征与幼儿的行为特征共同决定的。就幼儿而言,有特定的教学活动、区域活动、自由游戏、进餐、午睡、盥洗等,这些都是非常重要的学习活动,幼儿园的课程与幼儿园的一日生活密切相关。在幼儿园的教学中,游戏是最基础的教学环节,也是最主要的教学环节。在幼儿园艺术领域课程游戏化过程中,教师应该将自己的注意力重点放在对活动灵活性和创造力的掌握上,要对幼儿给予充分的尊重和信任,切忌包办代替等,让幼儿有更多的机会来展示自己的艺术天赋。比方说,在中班的《大象和小蚂蚁》这一艺术活动当中,教师把大象和小蚂蚁的故事都画出来以后,邀请幼儿将这个故事告诉他们的朋友们,这样就可以把幼儿的学习热情都激发起来,可以充分发挥幼儿的创造力,给予其更多的进行艺术革新的机遇。

案例 2:
大象和小蚂蚁(中班美术活动)
(教师带领幼儿一边拍节奏,一边做《动物园里有什么》游戏)

T:今天,老师从动物园请来了两位好朋友,让我们一起来猜一猜这两位是谁?

C:孔雀、长颈鹿……

T:老师给你们讲一堂关于大象和蚂蚁的课。

T:小朋友们都看到了吗?它们是什么?

C:长着一对硕大的耳朵和一个长长的鼻子。

T:脚呢?细还是粗。

(展示大象的各种照片)

T：小朋友们有没有看过"小蚂蚁"？它长什么样？

C：很小。

（附图）

T：长着小小的触角和纤细的身躯的小蚂蚁。

T：那么，他们到了动物园以后会变成什么样子呢？

T：一次，大象失足跌入一个大洞，得到小蚂蚁的相救，于是，大象送给小蚂蚁一枝鲜花，从那以后，他们就成了最好的伙伴，经常在蓝天白云下嬉戏。

（教师边画边讲故事）

T：老师讲的是一只大象与一只蚂蚁的故事。下面，请你们把自己心目中的大象和蚂蚁都画出来。

（教师出示图片，让幼儿画）

（指点）

T：请小朋友们把自己的画拿出来，说说自己在画中看到的东西，或者告诉身边的小朋友。

（五）愉悦性

在艺术课程中，游戏不仅是指游戏性质的活动，而且还表现出游戏性和类似游戏的特点。其主要表现就是：艺术活动具有更多的自由性、灵活性、审美性、娱乐性，幼儿在"玩游戏"中也能得到相同的情绪体验，从而积极愉快地投入到艺术活动，通过艺术的审美性和游戏性来感受并表现出他们对艺术的热爱和从艺术中获得的快乐体验。

二、幼儿园艺术领域课程游戏化的价值

在幼儿园艺术教学中，要以幼儿为中心。幼儿园艺术领域课程游戏化里的"游戏化"作为一种目标价值，是以幼儿的发展为依据的。在幼儿园艺术领域中，各种主体的价值都要以幼儿的成长为基础，没有幼儿的成长，就无法满足任何一个主体的需要，也就不可能真正地实现他们的价值。

（一）激发幼儿的艺术兴趣，促进幼儿主体性的发展

在很长一段时间里，因为受到传统课程忠实取向的影响，在执行幼儿园艺术课程时，大家更多地关注的是教学结果，而非怎样趣味地开展艺术课程。

在传统的艺术教学过程中，教师认真地按照事先制订好的教学计划去做，并对怎样才能更快地将已掌握的艺术知识和技巧有效地教授给幼儿进行探讨。幼儿园艺

术活动的开展，实际上就是一个忠实地执行教师的教育计划，即教师将事先设计好的教育计划付诸实践的过程。评价教师艺术课程执行的成功与否，取决于教师是否在艺术领域内掌握了与艺术相关的知识与技巧，是否达到了规定的活动目的。在这种情况下，一切行为都按照一定的步骤来进行，幼儿在教师的指导下，得到了他们在教育目的下应有的成就，但却忽略了幼儿对艺术兴趣的培养和审美体验的需要。

"游戏"与"艺术"两种学科有着各自的特点与价值内核，它们对幼儿发展的影响也各不相同。幼儿园艺术教学中的"游戏"正是通过对二者共性价值的发掘，使其能够最大限度地发挥幼儿潜能。在传统的教育过程中，"游戏"的"工具化"作用得到充分发挥，但"游戏"和"课程"并未达到"整合"的目的。在艺术领域课程游戏化中，"玩"已经不是单纯的"玩"，而是将"玩"与"教"融合，融入到整个课程的各个环节，将"游戏"的"工具性"和"灵活性"有机地结合起来，让幼儿在"玩"中"学"，学得开心。

在幼儿教育中，游戏化艺术活动被认为是激发幼儿对艺术的兴趣、提高情感表达能力和艺术创作欲望的有效手段，有助于促进幼儿全面发展和积极学习态度。通过游戏化的方式进行艺术活动能够吸引幼儿的注意力，增加他们对艺术的好奇心和兴趣。相比于传统的教学方式，游戏化艺术活动注重于幼儿的参与和体验，通过游戏的情境和趣味性引导幼儿主动探索、感知和表达。这种互动式的学习方式可以让幼儿在轻松愉快的氛围中感受到艺术带来的乐趣，从而激发他们对艺术的热爱和探索欲望。

游戏化艺术活动还有助于提升幼儿的情感表达能力和艺术创作水平。在游戏化的情境中，幼儿可以通过自由的艺术表达方式展现他们的情感和想象力，培养他们对美的感知和审美能力。通过参与各种艺术游戏和活动，幼儿可以逐渐学会用绘画、手工、音乐等形式表达内心世界，从而提高他们的艺术创作水平和表现能力。这种自主性和自由度的艺术表达不仅能够激发幼儿的创造力和想象力，还可以促进他们情感的释放和交流，培养积极的情感态度和社交技能。

（二）改善教师艺术领域课程游戏化能力，提升专业素质

"游戏性"是指在幼儿园艺术教学中，注重幼儿的主体性和个体的发展。在幼儿园艺术领域课程游戏化的过程中，教师从单纯的灌输者、传授者，变成了艺术活动的引导者、游戏化环境的创建者和艺术活动的协作者。在这样一个"游戏"的情境里，教师引导幼儿完全地运用他们的主动权。与过去的以教师为核心，将教育方案具体化不同，幼儿园艺术领域的游戏化是尊重幼儿的主观能动性的，这种尊重幼儿自主性的教育方式对教师的职业素质提出了更高的要求。

幼儿园艺术领域中的课程游戏化，指的是教育者遵循美的法则，运用多种审美

教育媒介，以游戏为手段，有意识地提高幼儿的美学鉴赏力和审美创造性，从而促进幼儿的自由、全面、和谐发展，让幼儿的个体人格得以发展。艺术活动为幼儿创造一个好的学习环境，提升他们的艺术活动质量。在上课时，教师对教学目的的要求较低，更多地注重幼儿对艺术和美学的感受。教师更多地注重幼儿的主观愿望及爱好，并以适当的方式进行教学。在开展活动的时候，教师可以创造一个游戏化环境，来展开这些艺术活动，对教育过程中出现的一些意外情况进行适时、适度的调整，让幼儿在玩中学、在做中学、在快乐中学、在幸福中发展，如此，对教师的职业素质的要求也更高了。在对活动进行评估的时候，注重把过程评价与结果评价有机地结合起来，与此同时，在完成了一系列的教学活动后，还应该有一种自我反省和自我反思的意识，对自己在艺术活动中的教育思想和教育行为进行反思，这样就可以积累有用的艺术领域课程游戏化经验，提高自己在艺术领域课程游戏化的知识和技能，并持续提高自己的专业素质。

第三节　幼儿园艺术领域游戏化课程模式的创新策略

一、幼儿园艺术领域课程的现实审视与归因分析——基于幼儿园课程游戏化视角

（一）幼儿园艺术领域课程的现实审视

1. 观念上：对艺术领域课程游戏化认识不足

幼儿园艺术领地的游戏化教学，就是在幼儿园艺术领域课程中，将游戏理念、游戏精神融入其中，并使用合适的游戏手段与方式，推动幼儿愉快地学习，并使他们的身体与心理得到协调、全面发展。怎样才能让幼儿幸福地成长，这是一个值得我们学习和思考的问题。在幼儿园艺术教学中，以幼儿的发展为中心，以促进幼儿幸福地发展为目标。而前几个需求则是比较低的成长需求。我们相信，在幼儿园艺术范围内，幼儿幸福发展的来源，是以幼儿的生理需求、心理需求等为前提的，教师可以对幼儿进行有效指导，以满足幼儿的其他方面的发展需求，使幼儿得到游戏性体验和美的体验，获得自我认同的喜悦。

案例3：

小帆船（大班美术活动）

T：小朋友们来猜一猜，那个卧在水面中央，帮助别人过江的是什么？

C：一艘小艇。

（示范）

T：那小朋友们说说，这艘船和我们以前画过的有什么不同？

C1：船体上有一些斑纹。

C2：这艘船的帆不同。

T：好吧，我们今天要做的就是一艘小小的帆船，让我们来说说吧。

C：小帆船。

T：以前我们都是在绘制大型的船，由于制造大型的船非常困难，因此我们现在正在合作绘制小型的船。

T：老师事先制作了一只小帆船，小朋友们看看它是不是很美？

C：很美。

T：让我们一起来看看，老师的这艘小船是由什么材料制成的？

C：杯子。

T：那是一只蛋糕盘？

C：蛋糕盘。

T：对，这个小朋友说得对，老师就是用一个蛋糕盘做的。

T：小朋友们，请看这个蛋糕盘子，老师将盘子对半折叠，将底部与顶部连接起来，形成一个小帆船的外壳。

T：船帆也是老师用废品做的。此外，小朋友们用之前制作的太空泥巴制作船杆，这样不仅不浪费资源，还很环保。

T：所以把船体、船杆和风帆连在一起，会形成什么呢？

C：小帆船。

T：等你们制作好了，老师会给你们一张白纸，你们可以在白纸上画出大海，画出波浪，画出山，画出白云，再将白纸的四面折叠起来，形成一个方块，你们再用这个方块来装饰。

T：然后再用胶水将自己制作的小船粘贴到画上，这样就完成了。

T：如果小朋友们不认真听讲，你就会做得不好。

T：接下来，老师为大家做示范。

T：首先，把蛋糕盘放在托盘上。我们以前都用蛋糕盘子做什么的？

C1：鲜花。

C2：幼小的鱼。

T：老师给大家演示一个小帆船的制作方法。小朋友们看这里。

T：先把它对半折叠，然后把它打开，再把它剪成两段，这是什么？

C：一个半圆形。

T：要把它剪成什么样的形状，才能把它连接起来呢？

C：梯子的形状。

T：对，再用双面胶粘上。用手揉一揉，要不就粘不住了。我们有没有完成船身的制作？

C：完成了。

T：做好之后就可以在船身上进行装饰了，接着，老师也给了大家一些工具，大家在使用的时候要小心，老师还给大家准备了一些小帆，大家将这些船帆粘贴在船杆上。

T：把它重新粘贴到船身上，一艘小帆船就做好了，记住步骤了吗？

C：记住了。

T：然后用胶水把它粘贴在你刚刚绘制好的背景画上，这才对嘛。学会了吗？

C：学会了。

T：那么，小朋友们，现在就可以开始了。

（教师给幼儿放上一段轻柔的 BGM，并要求幼儿做一艘小船）

案例 4：

一对好朋友（大班音乐剧表演）

T：同学们，请大家说一说谁是你最好的朋友。

C1：是……

T：好的，孩子们应该表达清楚。

C2：我最好的朋友是…

T：那你和你最好的朋友在一起的时候，都做些什么呢？

C1：我和我最好的朋友一起跳舞…

C2：我和我最要好的朋友一起打球…

T：小朋友讲得非常好。《一对好朋友》也是一首很棒的歌，那么，我们一起学起来吧。

T：小朋友们注意听，看看他们在一起都做些什么。

（教师演奏乐曲）

C1：他们在眨眼，在点头…

C2：两个小朋友互相拉钩…

T：那两个娃娃是一对…

C：好朋友。

（让幼儿和着音乐节拍跟唱）

T：好的，下面请两组同学上台表演。

（弹奏乐曲）

T：请三对同学上台，让他们一起表演。

T：接下来，让我们一起表演吧。

T：老师将歌曲唱给你们听，会唱的小朋友可以跟着教师一起唱。

T：老师请四个小朋友唱一下。

T：歌声真好听，下面的一些小朋友，唱得也很好听。

（童声唱腔）

T：小朋友们说说，我们学到了什么？

C1：今天我们学习的是《一对好朋友》。

C2：我们已经学会《一对好朋友》这首歌了。

T：那么在平常的日子里，我们要怎样和好朋友一起相处呢？

C1：如果他跌倒了，就去扶他。

C2：如果他需要什么，就借给他。

T：小朋友们的回答非常精彩，现在请你们从各自的小凳子上站起来，和自己的好朋友们一起表演。

在采访过程中，被问到如何看待幼儿园艺术教育中的"游戏"这一概念时，Y教师说道："我觉得，幼儿园艺术领域课程游戏化，应当是将游戏贯穿于课程始末，让游戏充斥整个艺术课程。"Z教师说："我认为，如果幼儿能够尽情地玩耍，享受艺术课的乐趣，那么这种艺术课，就叫作游戏课吧。"

通过对幼儿园艺术教育中"游戏"的提倡，使"游戏"再上一层楼。然而幼儿园教师对已有的群体性教学模式产生质疑，他们不知道该怎样对待"教"和"玩"之间的关系，他们没有一个正确的教育立场。

（1）在幼儿园艺术教学中，没有清晰的"游戏"理念

从上述案例和访谈中可以看出，在实际的操作过程中，一些教师对艺术领域课程游戏化的理解比较肤浅，无法真正理解幼儿园艺术教学中游戏化的概念与内涵。"教育实践离不开教育理论的指导，尤其离不开新的、能体现时代精神的教育理论的指导。"

由于没有清晰地认识到幼儿园艺术教育的"游戏"理念，因而在实际操作中难以推动幼儿园艺术教育的"游戏"化。

（2）没有把握好"玩"和"教"之间的关系

案例3和案例4这两个极端的例子也反映出了两位教师对幼儿园艺术领域中的课程游戏化概念的认识上的偏差。在案例3中，教师一直处于一种高控制的状态，教师在此过程中会事先准备好游戏活动的主题、材料、人物、规则等，幼儿按照教师所制定的步骤，一步一步地进行自己的小帆船的制作。在整个教学过程中，教师显然扮演着领导和权威的角色，他对幼儿所要制作的内容、制作顺序作出了明确的规定，导致教师的主观意识会对幼儿主体性的发挥造成一定的限制和干预。由于他

们的独立性不强，导致不能自由地去探索、创造，不能得到愉快的游戏性经验。在案例4中，教师对幼儿的活动给予了充分的自由，让幼儿尽情地唱歌、表演。在许多教师看来，所谓的"游戏"，就是要让幼儿在游戏中尽情地玩，而教师则要自愿地舍弃自己的角色，成为幼儿的"观众"。这种教育方式很难将教学推向深层次的发展，只能使幼儿得到表面的愉悦感，而不能得到进一步发展。

在幼儿早期教育中，教师应该成为幼儿早期教育的指导者、引导者、协作者。创造一个民主平等的学习氛围，并非要通过"玩"的方式，摒弃原有的某些规则，让幼儿自由地、无拘无束地去做某些事。这会导致幼儿因为缺少教师的正确指导，无法在艺术活动中获得他们应该获得的乐趣和满足感，进而对艺术活动失去兴趣和热情，从而对艺术能力产生不利影响。在幼儿园艺术活动中，既要重视幼儿的主体性，又不能否认教师的主导作用。

2. 环创上：游戏情境创设的适宜性不够

例如：在确保幼儿有足够的活动和安全的情况下，教师可以与一年中的节庆变换相结合，细心地装饰课堂。在进行艺术教学时，要创造与之相符的情境。在进行各种功能活动时，教师可以播放一些轻缓的背景音乐，让幼儿进入一种充满艺术气息的环境中，对幼儿进行心理疏导、提高幼儿的审美情操具有重要意义。

（1）对材料的放置没有进行科学的规划

艺术课程教材缺乏，类型单一，编排混乱，说明艺术课程教材编排缺乏科学依据。例如，在教室里，教师摆放的材料太少，造成了幼儿分配不均匀，造成了摩擦，或者材料又多又凌乱，对幼儿的挑选造成了很大的影响。又如，尽管教师认识到游戏素材在数量与种类上的重要性，但是对于其本身的结构性、探索性与年龄适合性，却没有给予足够的重视。例如，在大班中，为幼儿提供一些结构性高、操作性弱的游戏材料，使幼儿无法进行更高级、更复杂的游戏，幼儿只能简单地、重复地摆弄这些游戏材料，这会对幼儿的表征和创造产生阻碍作用。又像是表演区，教师会把纸制的二胡、琵琶、糕点盒子做成大鼓，这些都是没有意义的东西，幼儿只能看，却不能玩。

在幼儿艺术活动中，物质媒介也扮演着非常关键的角色。"游戏材料与幼儿的成长是相互关联的。通过对幼儿游戏材料的分析，可以发现幼儿在不同情境下，通过不同方式，激发幼儿参与不同的活动，进而对幼儿发展起到不同的作用。同时，幼儿的发育程度也会对其所选用的游戏材料产生一定影响。"运用各种色彩和造型的材质，激发幼儿对艺术的兴趣。不同种类的游戏材料具有不同的特性，可以根据自己的需求，选择与自己相适应的游戏工具和素材，展开新颖有趣的创意和想象力，让自己的艺术活动变得更加丰富，让自己更加主动地投入到艺术活动之中，体验到灵活、丰富的审美情趣。

在此基础上，通过对有关内容进行科学的布置，使其与课堂教学形成互补。

（2）教师与幼儿之间的交流缺少情感上的沟通

雅斯贝斯指出："在进入知识的学习进程之前，教育过程就是一种心灵的发展。"在幼儿园，应重视幼儿情感教育。教师应该充当引导者和促进者的角色，创造积极的、游戏性的情感环境，鼓励幼儿之间的情感互动和合作。与此同时，教师还应该注重引导幼儿从艺术活动中获取快乐和成就感，避免过度强调知识传授和纪律限制。在游戏化艺术活动中，教师应该注重引导幼儿发挥个性特点，尊重他们的选择和创意，给予充分的支持和肯定，以促进幼儿个性的健康发展。通过合理引导和有效激励，教师可以帮助幼儿树立积极的学习态度，培养艺术兴趣和创造力，促进其全面发展。

从笔者所观察到的情况来看，在幼儿园艺术领域课程游戏化活动中，缺少游戏的乐趣和鼓励性的评估，在教师与幼儿之间，缺少情感互动情境。

3. 目标上：缺乏游戏精神，重"结果"而非"过程"

在幼儿园艺术教学中，幼儿在观看美的事物时，会生成一种审美体验。并且幼儿会在玩耍中感知美、表达美、创作美，获得自我喜悦与和谐的快乐体验。在幼儿园艺术领域课程的游戏化过程中，幼儿所展现出的是他们自己对美的本真的美学价值追求，没有任何的功利色彩，他们只是享受着活动本身所带来的愉悦的审美体验和游戏体验。因此幼儿园艺术教学中的游戏化，应以最真实、最动人的生活体验为目的。然而，现实中的幼儿园艺术领域的游戏化教学却过分关注教育结果，而非幼儿在教学过程中的体验。以案例说明。

案例 5：
大树和小鸟（大班音乐活动）
目的：
1. 听懂歌曲的意思，能准确地唱出歌曲的空拍和低沉的起拍。
2. 欣赏歌曲中的快乐，并能带着感情唱歌。
3. 加强对鸟儿、对自然的热爱，使他们懂得勇敢自立。
步骤：
（出示大树与小树的图片）

T：从前，有一座漂亮的树林，里面有一对母子。小树苗也在母亲的臂弯中茁壮成长。一天，小树苗向母亲问道："我要多久才能长大呢？"

T：小朋友们觉得鸟儿会说什么？

C：你要乖乖听妈妈的话…

T：那只鸟究竟是怎么说的呢？

（引出歌词）

T：那你怎么知道，在母亲的怀里，长不高？

C：因为有母亲在，你不会有事。

T：一般情况下，妈妈都很喜欢你们，你们要怎么报答她呢？

C：给妈妈按摩一下后背…

T：每个母亲都很疼爱自己的小孩，小朋友们应该懂得感激！

T：老师为你们准备了一首歌，讲述了这则小故事。

（播放歌曲）

T：小朋友们从这首歌里学到了什么？听了之后感觉如何？

C：真好听，真让人高兴…

T：我们应该学会这首歌，先让我们一起学习歌词和节拍吧。

展示节奏类型：

0 XX ｜ X XX ｜ X0 XX ｜ X—｜

X0 X0 ｜ X X• ｜ X XX ｜ X—｜

T：我将"小树"和"鸟"的对白以韵律形式写成，大家看一看。

T：那我们就在这里，把这首歌的旋律唱出来吧。

（按下的动作表示"弱起"）

T：我要让一些小朋友来演奏这首曲子。

T：有些小朋友仍然没有演奏出正确的节拍，认真地听老师和别的小朋友是如何打拍的。

T：边听音乐边观察老师的动作，边唱对白，边打节拍，听到没有？

C：听到了。

T：好了，下面请同学们跟着老师唱一唱。

T：小朋友们唱得非常好，下面我再请一些小朋友来唱。

T：下面让我们分组唱一下。

T：小朋友们回到家里，想一想保护鸟儿的办法，明天再和别的小朋友一起分享。

在访谈中，当被问及关于幼儿园艺术领域课程游戏化课程目标这一话题时，Y教师回答道："我们每一学期都有要实现的课程目标、教学计划，而每一项活动目标，大部分都是由教师结合自己班级的实际情况以及教师自身的能力来制定的。艺术活动的目的，也许就是让幼儿学会唱歌、跳舞、绘画，等等。"幼儿园艺术教育中的"游戏"应以幼儿的审美发展为中心，"幼儿阶段是审美能力形成的关键时期，在幼儿阶段进行艺术启蒙教育，对幼儿审美能力的培养有着深刻影响"。在实际操作的过程中，我们应当鼓励和提倡更多的教师在制订教学方案的同时，重视幼儿的审美体验、合作精神和幼儿是否能够在艺术活动中获得游戏性体验。幼儿园艺术领域课程游戏化的目标不是要将幼儿培养成为大艺术家，它更注重幼儿在活动中的欢乐和成长，并对幼儿进行艺术熏陶。

案例 5 中，教师过分强调教学目的的完成。在进行活动的过程中，一些幼儿在对空拍、弱起的节奏的处理上存在着一些问题，教师没有对他们进行鼓励和指导，只是不断地要求幼儿将歌曲唱好。在预先设定的行动程序结束后，教师们并没有展开对该活动的扩展和反思。教师们仅仅将注意力集中在幼儿的学习情况上，而他们的协作、合作等方面的能力，都被忽略了。教师忽略了幼儿在这一次的教学活动中，是否能够获得快乐、愉悦的游戏性情感体验。在教学的过程中，要充分发挥幼儿的主观能动性，避免幼儿过度紧张。假如在幼儿的音乐活动中，如果幼儿的节拍出现了一些问题，教师引导幼儿发现自己和教师之间有何差异，引导幼儿向正确的内容学习，也许第二天，也许再过一段时间，幼儿就能慢慢地明白过来，但这是一个漫长的过程，教师应有耐心，并尊重幼儿的成长过程。教师一味地追求活动目标，不但会产生事与愿违的效果，而且会给幼儿的身心带来隐患，严重地影响了幼儿的艺术兴趣和素养，也不利于幼儿的快乐学习。

4.内容上：趣味性不足，幼儿参与度低

"艺术是人类感受美、表现美和创造美的重要形式，也是表达自己对周围事物以及对世界认识和情绪态度的独特方式。"要合理选择艺术活动的内容，从而将幼儿的学习兴趣充分地调动起来，鼓励幼儿积极参加艺术活动。若活动内容不符合幼儿的需求，不但会造成幼儿的参与度低，也会给幼儿带去不好的课堂印象。

案例 6：

"太阳"（大班音乐活动）

T：小朋友们，上节课我们已经学习了歌曲《画太阳》，让我们再来唱一次吧！

C：没问题。

（唱歌）

T：小朋友们都唱得很好。

T：这首歌里面唱的是什么？

C1：画一只海燕。

C2：城市里的小孩会在上面涂上白鸽。

T：所以，请大家想一想，在大山中，除了鹰隼，小孩最经常看到什么？

C：泉眼，大树。

T：那些住在海边的孩子们呢？

C：经常看到海鸥、海贝…

T：那城里的小朋友还经常看到什么其他的呢？

C：高楼、超级市场、公路…

T：还有，生活在大草原上的孩子们呢？

C：马、牛、羊、…

T：小朋友们的想法很好。接下来，我们就用小朋友们想出来的歌词，这一次，我们唱一棵树、一只海螺、一座高楼大厦、一只牛羊，怎么样？

C：没问题。

（唱歌）

T：小朋友们唱得很好。下课后，小朋友们还可以根据自己的喜好来创作歌曲。

在案例6中，第一，活动内容是枯燥无味，缺乏灵活性，缺乏趣味性的；第二，对于大班幼儿来说，这些游戏内容比较简单，难度较小，且教师也没有做更多的扩展，这样就不能激起幼儿对玩耍的兴趣，他们很容易产生厌倦。

从以上案例中可以看出，幼儿园艺术课的实施存在如下问题：

（1）选题和编排的单一化

在幼儿园里，艺术活动的内容主要来自教科书和教科书大纲，教师很少选择教科书之外的活动，只有在个别的特定情形下，教师才会开展其他艺术活动。另外，艺术活动中的游戏部分，通常是根据教科书中的教案来设定，而教师自己创作的游戏部分则较少。教师认为根据教科书来选取教学内容，教师觉得这样可以节省时间和精力，并且认为教材和课程提纲对教师的指导有很大的作用。教师会以课业负担沉重等理由，为游戏内容单一找借口。

（2）适宜性不足

首先，仅有的教材内容单一且少，无法引起幼儿的兴趣。例如，教师挑选的艺术课程是具体年龄群体的，所以不能激起幼儿的兴趣。其次，缺乏与其他学科的衔接和融合，"游戏的教学内容应当涵盖语言、社会和艺术等多个学科，确保幼儿能够获得不同学科的知识"。最后，在选择游戏的难度上，没有与幼儿身体和心理发展特点相适应。幼儿园艺术领域课程游戏化的活动内容应该是在幼儿的最近发展区之内，并且要具备适应性，应该来自幼儿的生活经验，要富有多样性，要与幼儿的兴趣和需求相一致。"一个孩子，即使他的想象力是无穷无尽的，但没有丰富的经验，他的世界就会迅速萎缩。"

（3）强调教师的主体性，而忽视幼儿的主体性和参与性

在访谈中，当被问及关于幼儿园艺术领域课程关于游戏化的教学内容时，Y教师说道："我们每一学期课程内容的选择大部分都是来源于课本、教材大纲，课本内容相对来说更加直观，我们可以对其进行课程游戏活动的设计。当然，这些课程，都

是按照自己的实际情况来制定的，幼儿还这么小，如何可以确定他们的学习内容，这是不现实的。"Q 教师说："我们平常的工作量就很大，时间并不充足。"

在访谈中，我们发现一些教师有自己的看法，他们都觉得在教学过程中，如何选择教学内容，如何设计游戏活动，都应由教师自己决定。首先，教师认为幼儿没有足够的能力来自主决定游戏的主题。其次，教师担忧幼儿会挑选更多更繁杂的活动，耗费时间和精力，不利于教师的控制和实施。因此，幼儿自主的、参与的权利被忽略了。

5. 实施上：忽视幼儿主体性发展和愉悦性体验

幼儿园艺术活动要有组织、有规划地进行，以促进幼儿健康、和谐地发展。教育就是有组织、有系统地训练的一种社会活动。在游戏的发展、维持与深化的过程中，教师的行为起着关键性的作用。

案例 7：

保护地球（大班艺术活动）

（照片）

T：小朋友们注意到了吗？

C：这就是"地球"。

T：是的，地球。那么，有没有人能告诉我，我们是如何保护地球的？

C1：不要随意丢弃杂物。

C2：不要随便吐痰。

C3：种植树木。

T：讲得太好了。小朋友们看看这张照片里有多少小朋友？

C：有两位。

T：这些人在做什么呢？

C：一位年轻的姑娘正在丢垃圾，一位年轻的小伙子正在扫地。

T：讲得太全面了。那么绘画的时候，我们要注意些什么呢？

C：注意个人卫生。

T：非常好。现在，让我们来画一幅保护地球的图画。如何作画？

C：首先，用一支铅笔来绘制。

T：是的，首先要用一支铅笔，以便你们能够修正，那么接下来怎么办？

C：那就用一支黑笔把它的边缘画出来。

T：接着是什么？

C：给它上色。

T：可以在最终完成后为你的作品上背景色，需要使用哪一种色彩？

C：颜色要淡一些。

T：可以用黑色的吗?

C：不能!

T：好的，小朋友们有没有记住这些步骤呢?

C：记得。

T：地球是圆形的，上面有小朋友，画图时要注意尺寸，明白了吗?

C：明白了。

T：首先要在脑子里想好如何作画，然后拿起一支铅笔作画，接着用一支黑色的笔打上边框，最后上色，画好后把自己的画笔收起来。听到没有?

C：听到了。

T：好，那就开始画。

（BGM）

案例8：

避雨的小蚂蚁（音乐课）

（展示一张被雨水打湿的小蚂蚁的照片）

T：有一天，有一群蚂蚁在搬运东西，这时天空开始下雨，它们应该做些什么?

C1：让蚂蚁们撑起雨伞吧…

C2：藏在一个洞里面…

T：（展示一幅图）小朋友们，看看这位是什么人?

C：小小菌类和蚂蚁。

T：那他们两个会有什么关系呢?（教师清唱曲的第一个段落）

（图）

T：让我们看图，读一读，唱一唱。

（整首歌的第一个部分）

T：如果大家在唱歌上遇到了什么问题，或者是不太会唱的话，可以互相帮助。

T：我们已经完成了那些不能完成的句子。

T：天下着雨，谁来帮蚂蚁搬运货物呢?

C：一个小小的菌类。

T：小菌类是如何做的?（听第二首歌）

T：根据图片，朗读并唱出歌词。

（完全唱完了这首歌的第二部分）

T：下面分成两组，一组一组地唱。

（完全学会唱歌）

T：让我们尝试连在一起唱，在这首歌的中段点一下头。

C1：老师，我好累，不想再唱下去了……

C2：我要跳一支舞…

（教师没有理会，只是按照既定的步骤进行）

幼儿应当积极参与各种各样的活动，他们可以自由地进行各种活动，还可以进行一些有创意的活动，才会获得愉悦的审美体验和情感体验。在教学的过程中，教师要注意，适时介入、提问、解释、演示，等等。从以上的案例中，我们可以看到，在幼儿园艺术领域的课程游戏化实施中，还存在如下问题：

（1）教师对幼儿的控制度过高，幼儿的主体性受到压制

陶行知说："先生强迫学生去学习，他是不情愿的，如果让他自由去学习，那效果一定好得多。"但是，在这一事件中，我们可以明显地感受到幼儿的主体地位受到了教师权威的严重的威胁。"幼儿的自主性和创造性受到教师的控制而被压制，他们的体验和乐趣为外部的要求所掩盖。"

1）不能调动幼儿的积极性

首先，在课堂教学中，没有形成"游戏"化"情景"。在案例7中，教师没有为幼儿创设一个适宜幼儿的游戏性环境，仅以范画导入幼儿的活动，不利于幼儿的兴趣与好奇心的激发。其次，教学中的"玩"不足。在教学过程中，教师的言语成人化明显，他们对幼儿进行语言训练时，往往使用的是命令的口吻，在幼儿学习过程中处于一种主导和权威的地位。活动过程单调乏味，并且存在太多的成人色彩，这对调动幼儿的学习兴趣是不利的。

2）外部约束制约着幼儿的自主能力

在案例7中，教师用成人的语言向幼儿讲解了绘画的内容和步骤，并让幼儿按照教师的步骤和要求进行游戏。教师并没有让幼儿自己去画，也没有让幼儿自己去玩，只是重复了一遍游戏规则。在案例8里，教师用一首叙事的《小蚂蚁避雨》，用"玩"的方式，将其变成一个"讲"的故事。歌曲的内容更多，教师在解答问题时运用的方式更多，手段更多。这样可以帮助幼儿更好地理解歌曲的内容，教师在清唱的时候会引领幼儿去关注歌曲中所唱的是些什么，并在此基础上结合图谱，逐步地让幼儿对歌词有更多的了解。但是，在教学中，教师过分强调歌唱的准确性，不利于幼儿自主情绪的表现。

3）幼儿的创造力没有受到足够的重视

案例7中，教师不应该要求幼儿所画的内容和范画一样，导致幼儿所展示出来的作品几乎一样，没有自我创造性。案例8中，教师忠实地遵循了导入、记歌词、教唱、巩固和复习等传统教学方法，无法地给幼儿的学习带来新颖的刺激，无法让幼儿自己去观察、探索、体会，也不能为幼儿营造一个宽松的创作环境和素材。

在幼儿艺术教育中，"创作"与"模仿"并不矛盾。日本幼儿园教师古市久子曾

说："幼童有一种与生俱来的好奇心。"对于幼儿而言，模仿意味着幼儿在不断地发现新的自我，并基于新的自我创造、寻求新的可能性。滕守尧认为："创造不是无中生有，而是有中生有。"教师不需要把幼儿的模仿和创造放在对立面，而是要承认他们之间的协调、对话和整合。要想在艺术教学中对幼儿的创造力进行培养，必须要为幼儿营造一个轻松的心理环境。首先，要对幼儿有充分的信心，对幼儿给予充分的鼓励，让幼儿充分地发挥自己的创造力。其次，要灵活地利用生活中的事物、艺术作品和艺术体验等，来充实幼儿的阅历，并指导他们去加工创造。幼儿的艺术创作活动应当是一种"手—脑"结合的行为。最后，正确认识和运用示范与实例。将注意力集中在它们的适应性、美感和多样性上。

（2）师—幼互动：教师不当的观察和指导会妨碍幼儿的玩耍经验

教师在教学过程中，对幼儿的观察不够充分，不能针对幼儿的特殊状况进行引导。且若教师的指导缺少了启发性和灵活性，将不能更好地调动幼儿的积极性，这对维持幼儿的长期学习效果不利，也不能提高他们的创造力和自信心。上课时，教师总是问幼儿"能不能""知不知道""记住了吗"等毫无意思的问题来引导幼儿，幼儿只能被动地接受，而大人则取代了幼儿的思维与行动。在引导和提问方面，缺乏"启发性"和"挑战性"，问题本身就是一个没有挑战性的问题，无法激发幼儿的思维，不能调动幼儿的学习热情，不能提高幼儿的学习能力。

6. 评价上：快乐学习的反思评价欠缺

在评估和反思幼儿的艺术活动时，教师应重点关注活动本身，即幼儿在其中获得的审美和娱乐体验。从游戏化视角看，幼儿在艺术活动中的表现及其作品反映了教师的价值观和幼儿创作的价值与情感意义。教师在评价和反思阶段需细致观察幼儿的知识、技能、过程、方法、情感和态度等方面的发展，并记录评估其表现。通过多样化、全面化的反思，教师能够发现问题并解决，从而提升幼儿园艺术课程游戏化的质量，确保幼儿获得充分的艺术体验。

案例9：

小老鼠（中班艺术项目）

T：小朋友们，老师将为你们出一道题，请你们猜一猜，是什么动物？

T：留着八字胡，嘴巴很油，牙齿很少，脑袋很大，很爱偷油。请小朋友们来猜一猜。

C：一只小老鼠。

T：太机灵了。今天，我们就来画一只小老鼠。

（教师示范，幼儿依次绘制）

（给幼儿发了纸笔，幼儿开始绘画）

T：完成了没有？

C：已经完成了。

T：为什么你的老鼠不上色？

C：我那只小老鼠被涂成了白色。

T：赶紧把小老鼠上色，让它看起来更美。

C：我的那只小老鼠是白色。

T：给小白鼠上色更好看嘛。

C：不，我要白的。我看过白的。

教师一愣："对啊，实验室里有白鼠。"

T：不过，把你的老鼠染成彩色后，看起来会更漂亮。

T：小朋友们画得非常好，可以带回去给爸爸妈妈看看。

（1）对幼儿的评价

1）简略概括，评价方法单一，缺乏创新性和针对性

在案例9中，教师要求，幼儿的绘画要与教师展示的内容和步骤一致，教师对画白色小老鼠的幼儿给予否定评价，让其按照教师的意见去做。"教师在对幼儿艺术作品进行评估时，缺乏一个相对科学的标准，常常是以自己的主观偏好来进行评判"，这多少会影响幼儿的创造性。而在这之后，教师却是给予了整体一个肯定的评价，而并没有对个别幼儿进行针对性的评估和分析，也没有对各个幼儿的创造提出改善的意见与建议。对于幼儿的作业，教师通常只会给出一些含混不清的夸奖，比如"好""很好""非常棒"，却从来不会明确地指出个别作业中的优点，更不会给予适当的指导，这也是教师对待幼儿的一种马虎大意的表现。大多数教师对幼儿的评价过于敷衍和片面化，评价方法比较简单，没有独创性和针对性，忽视了幼儿与幼儿之间以及幼儿自身的评价，也忽视了幼儿在幼儿评价中的工具性价值。

2）缺少对"美"的追求

在幼儿园艺术教育"游戏性"课程中，多数以"集中式""统一式"的课堂授课模式为主。同时，在对幼儿进行评价时，更倾向于对幼儿整体的重视程度，而对幼儿个人的重视程度则很低。幼儿是一个具有主动性、积极性并且会思考的个体，所以，在对幼儿进行评估的时候，教师应该更多地考虑幼儿的整体性、发展性和持续性，而不能采用一成不变的方法来评价。在不同的时期，每一个幼儿都会有自己独特的发展，在同一时期，不同的幼儿在认知、能力和情感态度上都会有自己的特点。

在艺术活动中，教师应该认识到幼儿之间的差异性，对幼儿的发展给予足够的重视，并以幼儿的实际情况为依据，对幼儿进行引导和评估，从而让每一个幼儿都能够健康地发展。因为教师面对的是一群幼儿，而且他们的活动时间受到很大制约，这就使得教师的精力受到很大限制，不能完全照顾到每一个幼儿的发展水平。

在幼儿园艺术领域中，幼儿创作中最主要的是反映个性创意与自我情绪的价值，而在进行评价时，教师往往缺少对幼儿的情感交流和意义的探索，没有给予幼儿一个机会来表达他们的艺术思想和作品的意义，导致评价并不准确，没有实现促进幼儿发展的作用。

（2）在教师评价和反思方面

1）提高教师职业发展水平的评价制度需要改善

长期以来，在国内，在评价幼儿园教师教学质量和职称评定时，多以教学竞赛和论文评比为主要依据。在幼儿园中，游戏是最基础的一项活动，它体现幼儿园与其他学校的差异。在幼儿园，教师往往会因为一篇文章而绞尽脑汁，或是因为一场比赛而精疲力尽。但是，他们并没有意识到，在艺术活动中，如何对幼儿进行高效的组织，并做好对幼儿活动的观察和记录，也是一项非常重要的专业能力。

2）教师自我反思不足

Y教师说："反思是每天都会做的，一般是在离园前花几分钟反思一下一天的活动。"Z教师说："反思一般都会及时，在一次活动结束后立即进行反思，一般几分钟左右。"通过对教师的采访，我们发现教师在课堂上进行了反省，但反省所用的时间较少。从目前的研究来看，当前的课堂上，教师反思的内容存在较大的主观性和随意性，没有统一的标准，教师往往是"随心所欲"地进行自我反思。

（二）问题归因

1.教师游戏化教育素养的不足

（1）对艺术学科中的"游戏性"理念理解不够

在幼儿园艺术教学中，"游戏性"的教育思想，对于开展艺术教学具有重要的指导意义。但是，有些教师对这一概念的认识存在着误区，他们简单的认为，游戏性就是让幼儿参与其中。所以，教师就很难把幼儿园艺术领域的"游戏"作为自己的教育理念，运用到教学中去。当然也有一些教师对此并不认同，他们故步自封，固守自己过时的教学理念和方法。仍然沿用以往"落后""陈旧"的教学观念来开展艺术教学，使得其跟不上新课改的节奏。总的来说，许多教师对幼儿园艺术教学中的"游戏"理念认识不足；对可持续发展的认知不足，使其不愿以新的"游戏"理念来进行教学改革。

2.艺术领域课程游戏化技能欠缺、情意不足。

优秀的"游戏性"素养表现在：如何创设和调控游戏性的情景。很多幼儿园教师的专业技能还只限于一些简单的演奏、唱歌、说话、跳舞等方面，游戏能力并没有被真正列入幼儿园教师专业素质的基础领域和相应的视角中去。

首先，营造适合于"游戏"的环境。在艺术场域中，建立适当的"游戏性"情景，是实现"游戏性"的必要条件。但是，目前我国教学中还存在着一些问题，如：教师创设的游戏化情境缺乏适宜性，往往过于形式化，缺乏足够的真实性和情境感。这种不足限制了幼儿在游戏化活动中的参与度和投入感。其次，教师过于强调自身的权力，忽略了幼儿的主观能动性，导致游戏化活动缺乏真正的合作与互动。再次，教师在游戏化活动中的引导不够科学，问题情境设定缺乏挑战性，无法激发幼儿的学习兴趣与求知欲。这种引导方式无法充分满足幼儿的认知发展需求，使得游戏化活动的教育效果大打折扣。最后，教师面临巨大的工作压力，除了日常教学工作外，还需开展环境创设、技能比赛、公开课等活动。这导致教师难以将足够的精力和注意力放在游戏化课程的研究与实践上，也难以提升自身的专业水平。

3. 课程游戏化的管理机制匮乏

在幼儿园艺术教学中，教师应扮演"玩"的实施者，而非"玩"的角色。教师与领导、教师与教师之间缺少一条可以进行有效沟通与交流的渠道，导致教师工作的积极性不高，很容易产生职业倦怠，难以形成集体凝聚力。在开展课程游戏化教学内容的管理方面，也缺少拓展教学内容的方法，仅限于教材，制约了幼儿园艺术教育的整体水平。幼儿园所实行的奖惩制度也有一定的不足之处，在很多时候，是以成绩来决定结果。所以，教师必须将自己的注意力从幼儿的成绩上，转移到幼儿的成长上，从而保证教师对幼儿园艺术领域课程的顺利实施。

目前，我国在对幼儿园进行管理时，缺乏对幼儿园教师的人性化关注。在幼儿园中推广游戏性艺术学科，由教师自行决定。而一些教师对游戏性艺术学科并不理解，更不知道如何落实。在幼儿园，教师缺乏锻炼与进修的机会。

4. 家庭和社会功利性取向泛滥

幼儿园开展艺术领域课程游戏化，也需要家长与社会的配合与支持。家庭教育在幼儿早期教育中占有举足轻重的地位，其与幼儿园教育共同发挥着幼儿早期教育的主要功能。不合理的家庭教育还会影响到幼儿园艺术领域中课程游戏化的正常开展，进而影响到整个幼儿教育的发展。

首先，一些父母的思想观念有问题。中国父母常常用这样的话来教导他们的子女："别让他们从一开始就失去机会。"这种说法并不符合幼儿的身体和心理发育，让幼儿在很小的时候就开始在成绩上较劲，这才是幼儿不开心的根源。父母的"书本位"思想导致他们对幼儿游戏抱有偏见，过分地重视技巧化的培训，在教学方法上偏向于成人，忽视了幼儿的内在素质，积极地去寻求对艺术教学的结果进行培训，对幼儿的自然发展进行了压制，剥夺幼儿的游戏权利和艺术审美体验，从而扼杀幼儿未来的某些发展潜力。

其次，忽略建立家庭与学校之间的交流桥梁。在很长一段时间内，幼儿园家长与学校之间的交流形式比较单一，只限于语言沟通。将幼儿园作为一个完整的幼儿教育，忽略了家庭教育在幼儿发展中的重要地位，当与幼儿园沟通幼儿发展情况时，存在着消极、被动的态度。这就像是给幼儿上了一道坎，最后的结果就是跑得慢、跑不远。

二、幼儿园艺术领域课程游戏化的策略

（一）观念层面：幼儿园艺术领域课程游戏化之基础

因为受传统文化和传统儿童观、教育观、课程观等的影响，在实现幼儿园艺术领域课程游戏化的过程中，教师不可避免地会产生上一章所说的问题。"教师对教育与学习的信念，不管是明或暗，都会影响教师的行为。"在幼儿艺术教育活动中，教师的理念对幼儿艺术教育活动的发展起着重要的影响作用。所以，要想在幼儿园艺术教学中有效地开展"游戏性"教育，就必须从改变教育理念着手。

1. 重视课程游戏化的理念，全面审视游戏的价值

（1）要点：首先，使幼儿有乐趣。在全面推进幼儿园新课改的背景下，江苏省教育局于2014年推出了"课程游戏"活动，确立了"自由、自主、创新、愉悦"的幼儿园教育思想。因此，幼儿园艺术教育的"游戏"性，将游戏理念、游戏精神融入其中，并使用合适的游戏手段与方式，从而推动幼儿的快乐学习，实现他们身体与心理的和谐、全面发展。在幼儿园艺术教育中采用"游戏"的方式，是一种顺应幼儿身心发展规律的活动。幼儿的天性就是爱玩。其次，艺术是一个可以让幼儿自己去感觉和经历的过程。幼儿可以在自己的练习中，获得相应的技能，进而可以参与歌唱、舞蹈、绘画等艺术活动，使幼儿可以感受美、表达美、创造美，并被美感染。因此，在幼儿园艺术教学中应将游戏纳入其中。

（2）基于"最近发展区"的概念。在幼儿园艺术教学中，我们反复强调要把活动定位于幼儿"最近发展区"。所以，在特定的艺术领域中，教师应该保持一种高度的责任心和警惕心，并以自身和幼儿的实际状况为依据，适时地调整自己的教学活动。

（3）按照"循序渐进"的要求，逐步实现目标。在进行幼儿园艺术教学时，应该一步一步来，以逐步提高的方式，使同学们更好、更快乐、更健康地学习与成长。"高效迁移"与"循序渐进"有着密切的关系。什么是"高效迁移"？就是在新的环境下，把已学的东西应用到新环境中去，从而使问题得到解答。"条件"是步骤，"结果"是高效的转移。在艺术教学过程中，教师要自觉地训练幼儿积极的学习素养。教师要明白，要把教师所知道的学习目的、任务和标准还给幼儿，让幼儿在进行艺术练习的过程中，养成学习的责任感，逐步做到不是要我学，而是要学。逐步递进

是一种不可忽略的教学思想。教师要知道怎样才能更好地利用幼儿的最近发展区，更好地引导幼儿的学习发展。

2. 内化幼儿园艺术领域课程游戏化理念

幼儿园艺术教育要将"游戏"观念融入到"游戏"之中，使之成为幼儿园艺术教育的一部分。在教育和教学的过程中，在艺术活动中，进行各种形式的游戏，将游戏精神融入其中，创造出一个具有游戏性的艺术氛围等，这些都应该逐渐变成教师们的一种自觉行为。在这个过程中，教师应该以幼儿的活动范围为起点，按照循序渐进的方式，把重视的焦点从重视课文转移到重视幼儿的生活，从重视知识转移到重视体验，从重视艺术环境转移到重视有趣性的艺术环境，并在持续的观察的基础上，写出一份幼儿的快乐成长记录，这样也可以加强高校师资队伍建设。

（二）环境层面：幼儿园艺术领域课程游戏化之推动

1. 创设适宜的物质环境

要创造良好的物质环境，就要注意艺术性、实用性、科学性。首先，要正确地安排好这些游戏素材。其次，必须有足够的素材。比如美术设计区，小朋友们的活动空间非常大，我们给小朋友们提供了创作黑板等素材，让小朋友们自己创作，并引导小朋友们介绍自己的创作，让幼儿一起享受。在案例 11 里，教师针对幼儿的需要，为幼儿提供各种不同的玩具。不同结构、水平的游戏素材，既能让幼儿游戏的基本需求得到满足，又能让幼儿产生更多的艺术兴趣，从而创意更加活跃。最后，针对幼儿的年龄特征，保证其有适当的游戏材料。"一个人的创新能力，都是由变量决定的。"例如，为小班幼儿提供更多结构化的玩具，为大班的幼儿提供更少结构化的玩具。而且这种材料通常都是开放的，可以给幼儿无限的想象力。

在《我设计的大楼》活动中，为了满足幼儿的各种需求，教师准备了各种各样的材料，比如纸、橡皮泥和建筑材料，有些幼儿已经在白纸上绘制出自己设计的大楼，一些幼儿用黏土制作建筑物的形象，一些幼儿在建筑区制作建筑物的模型，这些都是物质环境中不可缺少的因素。"空间是游戏的必要条件，它为幼儿提供充足的情境和含义，而不会限制幼儿的情感表达。"

在教学活动中，我们可以将校园及社会上的各种资源，转变成适当的材料来源。比如，在一个幼儿园的院子里，四季如春，风景秀丽。所以，可以让他们出去玩，比如画画，那也是一场游戏。教师应该有计划、有目标地使用游戏化手段，不断地创造、不断地给予他们满意的环境，来引发和引导幼儿对艺术的兴趣，维持和提高幼儿对艺术的情趣。

2. 创设适宜的人文环境

"孩子会敏感地反映着成人的感受，他们怕弄脏、怕弄湿、怕困难、怕麻烦，相反地，全身心地投入、淋漓尽致地玩游戏的场景逐渐减少。"

幼儿时期经常被称作是"自我导向时期"。这一时期的心理和情绪特点是：他们对成年人的安抚、支持和赞许的需要，成年人的感情态度是正确的还是错误的，是幼儿的情感发展的参照，也是幼儿快乐兴趣的来源。在这个阶段，幼儿具有较高的感受性、模仿性和易说服性，他们具有较高的活力和外向性，但也有较差的控制力和易任性的倾向。首先，教师将自己对艺术崇拜和热爱的情感，运用到幼儿身上，让幼儿能够更好地投入艺术活动。其次，教师要给幼儿以正面的、真诚的情感，要和蔼、亲切，和幼儿以平等的态度进行沟通，常常和幼儿有身体和眼神上的接触，从而引起幼儿的情感共鸣，让他们把自己的全部精力都放在艺术活动上。整个过程中，幼儿在一种轻松愉快的氛围中进行，师生双方的心境和感情都与其活动的内容相符，从而使他们能体会到美、了解美、表达美，从而使他们能在一种轻松愉快的氛围中进行教学。

（三）行为层面：幼儿园艺术领域课程游戏化之关键

1. 注重"过程"中游戏精神的彰显，促进幼儿快乐学习

对于艺术类课程而言，"课程目标"就是艺术类课程所要达到的教学目的的导向性系统。教育教学的目的应该符合现代教育教学的需要，符合幼儿发展的需要，符合幼儿发展的规律。

（1）传递游戏精神

在幼儿园艺术教育中，"游戏"比"成果"更重视"过程"，展现"游戏"的本质。"游戏精神"是一种正面性质。这样的"游戏精神"往往是贯穿于主体自身和他人之间以及周围事物"平等对话"和"自由感"的，正是在此过程中，学习的对象向自身发出了挑战，找到了自身，并得到了自身发展的经验。我们将幼儿园艺术班"游戏愉悦"所产生的效果，即手段与目的、形式与精神、享受与发展等都具有较高的一致性，命名为"成长快乐"。

（2）以美学为中心

在"游戏化"的幼儿园艺术教育中，教师要以"美"为核心，利用"游戏"这一手段，最大限度地发挥幼儿的主观能动性，让幼儿在玩耍的过程中，获得与艺术相关的知识和技巧，从而提高幼儿对美的认知和表达能力。通过富有情感的艺术图像来激发和培养幼儿的情感。没有了美学的培育，幼儿的发展就会变得不完善，审美属于一种情感的培育，当幼儿的情感变得更加的健全和丰富的时候，幼儿的体、

智、德三方面的素质将会得到提高。幼儿时期是生活的奠基期，是否能够对幼儿进行恰当的美学教育，将极大地影响到幼儿的整体个性的发展。"游戏"在幼儿园艺术天地中应确立以"美"为本位的艺术教育思想，培育幼儿对美的感觉、表达美和创造美的兴趣，并通过"游戏"的方式，发掘幼儿的情感要素，从而调动幼儿的情感表达。艺术教学不仅仅是传授知识和技巧，更应该激发幼儿对艺术的感受、欣赏、理解、表达、创造。培养幼儿积极参加艺术活动，会跳舞、会唱歌、会欣赏、会创作，在艺术活动中进行审美教育。让幼儿在充满快乐的游戏中，感受艺术活动的快乐，提高其欣赏水平和兴趣爱好，培育其对艺术的喜爱与情感，提高其认识美、感受美、创作美的能力，从而推动幼儿健康、全面的个性发展。

（3）强调整体意识

艺术教学在幼儿综合素质的培养中占有举足轻重的地位。首先，幼儿发展是一个有机整体。幼儿发展具有主动性，而幼儿的各个层面之间也是互相作用的。幼儿艺术活动与他们的日常生活是相辅相成的。在生活和艺术生活体验过程中，幼儿拥有自主发展的能力，同时，幼儿的生命活动以及其本身的艺术生活经验又对幼儿的生命活动有着全面的影响。《幼儿园教育指导纲要（试行）》明确提出："要引导幼儿接触周围环境和生活中美好的人、事、物。"其次，教师要在第一时间，积极地去学习怎样才能让艺术和教育学在幼儿身上起到积极效果，在这种情况下，教师必须明白，整个过程中，教育对幼儿的影响是多么的大，这样才能最大限度地降低不良教育对幼儿的损害。艺术类教学和其他类教学是相关联的，也是相异的。在幼儿艺术教育教学过程中，并没有将各种活动进行"硬结合"，甚至与成年人的"社会实践"相结合。我们应根据幼儿的兴趣和需要，指导幼儿提高艺术活动的品质，并通过艺术活动来培养幼儿，提高幼儿的生活品质。在以审美为核心的前提下，艺术领域课程的游戏化应当与其他领域的一系列的生成性相互渗透、相互促进、相互联系，从而促进人的各种能力的全面发展。在幼儿早期教育中，既要充分地发挥艺术课程自身的特殊教育功能，又要把艺术课程与其他课程之间的联系和渗透，有机地融合在一起，对幼儿的德育、智育、体育等方面都有好处。以"游戏"为手段，促进幼儿身心、心智、情感、人格和社会性等各方面的和谐发展。在幼儿园艺术领域中，教师要有一种整体观念，它的目标不是要培育艺术家，而是要让幼儿得到全方位的发展，旨在促进幼儿认知、能力、情感等全面的、和谐的发展。拥有整体观念，教师就不会再只是简单地对幼儿进行一些技巧的培训，他们会把幼儿看成是一个完整的、独立的个体，他们会意识到幼儿的主观能动性和差异性，将幼儿的教育作为一个以幼儿全面发展为目标的教育。

按照《规程》的要求，幼儿园的主要目的是为幼儿奠定良好的终身教育基础和培育具有强烈社会责任感的 21 世纪幼儿。所以，以社会的发展需求为基础，在幼儿园的艺术教学中，必然要引进现代化的教学方法，既要让幼儿能够得到与之相适应的知识和技巧，又要对幼儿的自信心、表演欲望、想象力、创造力、责任感等方面进行培养，尤其要将重点放在对幼儿创造力的培养上。一个民族的发展，离不开创新，创新是一个民族前进的灵魂。因此，在素质教育中，创造性是关键。

例如，在大班课上开展的《森林舞会》艺术教学，就可以用游戏的方法将各项教学内容转化为具体的、非具体的事物，融入游戏之中，以美学为中心，促进幼儿全方位的艺术素养、技能等方面的发展，把游戏的工具价值与本体论价值有机地融合起来，从而使幼儿的身心都得到充分发展。

案例 10：

森林舞会（大班美术活动）

（教师提前准备多张已勾勒出多种动物轮廓线条的图纸）

T：小朋友们，今天，孔雀公主送来了一封信，邀请我们一起前往，不过前提是，孩子们要完成她的要求。

T：让我们大家都来看看，这是一张哪种类型的邀请卡？

T："孔雀公主"说："小朋友只要在这封信里找到一只小动物，然后把它画下来，就能进入舞会了。"

（教师展示了一幅图画）

T：小朋友们看看这封信上画的是哪些动物，说出来。

（一个幼儿在舞台上画了一只小兽）

T：她发现了一条蛇，而她的老师则发现了一头大象。

（教师用黑笔画出这头象的形状）

T：还可以让这头大象更好看呢！

T：老师为大象增加一对大耳、大眼，并给大象涂上一些色彩，这样就结束了，可以开始跳舞了。

T：接下来，老师会发给每个小朋友一张卡片，卡片上有各种各样的小动物，请小朋友们在卡片上找到自己想要的，然后画出来，就可以完成这个任务了。

（教师给幼儿分发了一张图纸，幼儿开始绘制）

（以各种动物为背景，配以轻柔的音乐）

（画完后，将自己的画展示给教师和小朋友欣赏）

2. 注重内容的趣味性和幼儿参与性

活动内容是否新颖、有趣，幼儿是否已经掌握了进行新的活动所需要的相关知识和技能，是否与当前幼儿身心发展的特点相适应，此外，活动环节是否具有多样性，是否可以将幼儿的主观能动性发挥到最大限度，在内容的选取上要全面考量。

（1）发掘活动内容与游戏活动之间的关联性

首先，在活动中设置的游戏要丰富多彩。"幼儿园教师应当具有一定的专业素质，能够在对教育资源进行充分分析的基础上，整合各类教育资源，确保为幼儿提供丰富多彩的课程游戏活动。"其次，为了避免游戏的重复性、单一性，在艺术教学中应提倡以创意为基础，以提高幼儿的综合素质为目的而进行游戏设计。教师在"探索游戏设计的过程中，对教材内容展开深入分析，挖掘教材内容与相关游戏活动的契合点，然后探讨将教材内容与游戏活动相结合的措施"。最后，在对活动内容进行设计的时候，一定要与幼儿的身体和心理发展规律相一致，要将其情感和兴趣结合起来，从而能够引起幼儿的注意，让幼儿产生浓厚的兴趣，并让他们在活动中发挥作用。

（2）拓展选择途径，重视适宜性

在整个活动过程中，对活动内容的选择具有十分关键的作用，如果所选择的内容不能够让幼儿产生足够的兴趣，不符合他们的身心发展规律，这样，幼儿就会觉得枯燥，教师再怎么努力，结果也不一定令人满意。在教学内容的选取上，根据幼儿身心发育的规律，首先，要选取原本就很有意思的，比如《三只猴子》，让幼儿在听了乐曲、讲了故事之后，就会被吸引住，便于教师进行教学。其次，从幼儿的角度出发，选择了几个具有趣味性的故事，比如《胖厨师和小老鼠》。最后，教师也应该在这个过程中发掘更多的内容，比如用一个小剧院的表演来引导幼儿了解不同的戏剧。

在促进幼儿艺术活动中，调动其内在动力是教育工作者的首要任务。激发幼儿对艺术活动的浓厚兴趣和热情是至关重要的，因为兴趣在幼儿学习中扮演着关键角色。幼儿对艺术的兴趣不仅仅是简单的喜爱，更是一种内在的动力，能够激发其学习积极性。

培养幼儿的爱好不仅有助于增进他们的知识，还可以促进智力开发。艺术活动能够激发并维持幼儿的探索欲望，带来愉悦的情绪体验。因此，教育者应当重视培养幼儿的艺术爱好，不仅仅是为了满足其兴趣，更是为了促进其全面发展。

在选择艺术活动内容时，教师应当注意内容的趣味性和可操作性。他们需要善于挖掘幼儿对艺术的兴趣，设计吸引人的活动内容，从而激发幼儿的参与积极性。活动内容的选择应当贴近幼儿的生活实际，符合其认知水平和兴趣爱好。

同时，艺术课程内容也应当与幼儿的学习能力相适应。内容具有一定的挑战性，可以激发幼儿的学习兴趣和求知欲，但又不应超出幼儿的能力范围。这样能够提升幼儿的自我效能感，使他们在艺术活动中获得成就感，进而更加愿意投入到学习中去。

案例 11：

胖厨师和小老鼠（中班音乐剧）

（教师为幼儿演奏音乐，并引导他们做伸展运动）

T：（展示照片）请小朋友们看看这是谁？长得怎么样？

C：就是个大块头的主厨。

T：是的，那么，有谁能告诉我，那个胖厨师正在做些什么呢？

C：正在洗锅。

T：肥胖的主厨边洗平底锅边工作，边听着音乐。小朋友们可以想象一下，这个肥胖的大厨，是如何清洗平底锅的？

（这些都是小朋友们自己创作的，请小朋友们注意节拍）

（教师奏起了乐曲，小朋友们开始了洗碗舞）

T：这位小朋友就是这么洗盘子的，大家有什么不同的方法吗？

（三位幼儿上台，并引导其他幼儿跟着音乐跳舞）

T：当肥胖主厨正在洗盘子时，他听见了上面传来的响声，请同学们来猜测一下。

C：掉了什么东西，有一只小老鼠、一只小花猫。

T：这时，胖主厨想去二楼，请孩子们跟着一起去二楼吧。

（幼儿自己创造一个楼梯，教师会引导幼儿跟着音乐的节拍，来模仿那个胖厨师，并且告诉幼儿，他是一个又肥又笨的人，他会扭动着硕大的臀部，慢慢地走来走去）

T：等肥胖的主厨上来之后，打开房门，请小朋友学习一下主厨是如何打开房门的。

（幼儿自创，以一到两个动作为代表，例如推拉门、升降门等）

T：开门之后，胖厨子四下张望，却没有看见任何东西，所以他非常地愤怒，然后回到楼下工作，洗锅。

（教师带着幼儿跟随音乐节奏模仿胖厨师下楼，继续刷锅）

T：有没有人能将这一整段的动作串联在一起，重复一次？老师会提醒哦。

（请小朋友表演）

T：事实上，上面确实有一只老鼠，但是那个胖厨子怎么就没有发现呢？

C：因为那只小老鼠一打开门，就藏了起来。

T：那只小老鼠太机灵了，每当胖厨子洗碗的时候，它就会跑出来磨牙，等胖厨子打开房门去看的时候，它就会躲起来。

T：接下来，老师扮演胖厨子，小朋友们扮演老鼠，在厨子洗碗的时候，它们就会咬着牙齿，等厨子打开门，它们就会藏在椅子后面，不能发出任何的声音。

（教师带着幼儿跟着音乐做游戏）

（三人一组，请小朋友们自行选择自己的角色）

（调换角色表演）

案例 11 中，教师以幼儿经常见到的胖厨师刷锅为教学内容，并以此为基础进行教学。在此基础上，创设故事情境，使幼儿能够更好地参与到游戏活动中。在引导过程中，教师可以让幼儿与自己的生活经验相结合，并指导幼儿进行刷锅、开门等动作的创作，最后融合胖厨师与小老鼠的矛盾冲突，采用师幼互动、幼幼互动等方式，进行一场协作情景表演。通过这项活动，幼儿不但学会了很多东西，还学会了许多技能，还玩得很开心。本次活动的内容是以幼儿的生活经验为基础进行的，它为幼儿的创作奠定基础，幼儿在这方面的兴趣得到了充分发挥。

（3）师幼共生活动内容，以充实幼儿的游戏体验

在游戏内容的选取上，要尊重幼儿的主体性，让幼儿和教师一起来决定游戏的内容。教师应该相信幼儿、信任幼儿，给予幼儿自由选择的权利和机会，在教师的启发和指导下，由师生共同生成活动内容和游戏环节。

在开展社会实践的时候，教师可以带领幼儿到画廊、欣赏舞台剧、郊游等，这样既能让幼儿获得更多的生活经验，也能让幼儿更好地参与到游戏活动中来。幼儿园艺术领域课程游戏化应以艺术实践活动为基础。幼儿的思维是具体而生动的，并且有参加活动的需求。幼儿对艺术中的某些抽象性概念还不太了解，所以，我们要让幼儿亲自去参加艺术活动，亲自去感受。为了让幼儿积累艺术经验，要在幼儿中进行艺术素质和技能的发展，就必须让幼儿亲自参加到艺术活动中去，并在自己的亲身实践中去体会。即使间接的知识和经验可以让幼儿更好地积累经验，但是却不能代替幼儿亲自实践。

3. 运用合理有效的游戏化教学方法

以"游戏性"为主要特征的"游戏性"教育，其教育模式应具有一定的灵活性和自由性。运用灵活多样的活动方式，让幼儿在无形中体会到这门艺术。在如此宜人的情况下，幼儿会主动参与到活动当中，从而更好地感受和表达艺术。将幼儿园艺术领域课程与幼儿游戏相结合，让幼儿在快乐中去听、去感受、去体验、去表达，这不但可以提升幼儿的艺术活动的效果，还可以促进幼儿更好、更愉快地发展，还可以对幼儿的审美感受与审美能力进行培养。

（1）科学地计划活动的时间

教师要对处于早期活动的幼儿进行适当的指导、激发，引起幼儿的注意。第 2 个阶段是幼儿集中注意力的最佳阶段，教师应该把重难点放在这个阶段。在第 3 个阶段，重点是加强和拓展。所以，在幼儿园艺术领域课程游戏化活动的过程中，教师要对活动进行合理的安排，吸引幼儿的注意力，调动幼儿的积极性，使幼儿的学习达到一种愉快、高效的状态。

（2）采用游戏式、探究式、创新式的教学方式

首先，让幼儿通过玩耍来学习。幼儿在玩中发展艺术活动，这样一种在游戏中一边玩一边学的教育方式，能够让幼儿开心地学习、开心地玩耍，并且能够将所学东西记忆得非常深刻。在游戏中，幼儿的求知欲被充分地激发出来，并被调动起来。教师"给幼儿的自由施加一定的限制，是为了引导他们使用自己的自由"，在玩耍的过程中，幼儿会慢慢地去探索、去记忆。

在过去，在艺术活动中，教师是主导者，幼儿是被动的学习者，大人会代替幼儿的思考和行动，从而制约幼儿的探索能力。幼儿园艺术教育应从幼儿的行为模式入手，对幼儿美艺教育的行为模式进行探讨。探究性指的是，在一系列的艺术活动中，教师不会直接向幼儿传授知识和技能，而是要充分发挥幼儿的好奇心理，通过教师的有效指导和富有挑战的问题，不断地给幼儿带来新的刺激，让幼儿自己去聆听、去观察、去探索、去体验，幼儿可以自己动手，自己动脑，自己去寻找问题的答案。它是一种探索性的活动，可以将幼儿的内在学习动机激发出来，保持幼儿学习材料的长效性，从而提升幼儿的有效迁移能力，同时还可以培养幼儿的创造力和自信心。

在美育工作中，教师要将幼儿的想象力和创造性发挥到最大，特别是要注重对幼儿的直觉创造性进行培养。教师在授课时，可以运用"观察"法、"模仿"法、"探究"法等，让幼儿自己感觉、自己领悟，就可以指导幼儿去加工和处理头脑中的表象，去进行艺术创作。喜欢模仿是幼儿的天性，所以教师在教学中运用示范法时要注意灵活性和准确性。

加德纳说："良好的示范会为幼儿艺术创造提供参考，不会使示范成为机械的榜样。"所以，在进行示范时，教师要注重示范的正确性、谨慎性、恰当性。在艺术活动的前、中、后期，教师都应该做出好的示范。在活动前期，可以让幼儿进行积累和挑选，在活动中期，可以让幼儿主动地、积极地进行学习，让他们可以在自己的脑海中进行二次创造，让他们可以充分地发挥自己的创造力和想象力。在活动的最后阶段，向观众展示自己的作品，使其能够更好地改善自己的作品。此外，教师还应该起到幼儿的表率作用，不仅能够提高幼儿的创造力、自信心和能力，还能够在幼儿与幼儿的互动中，使幼儿再次积极地进行学习和创作。

简而言之，要把游戏性、探究性和创造性结合起来，让幼儿在充满活力的艺术活动中去感受，去体验，去表达，从而推动幼儿的整体、协调、健康发展。

案例 12：

美丽的森林

（教师带幼儿玩手指游戏，画出树枝的形状）

T：咕噜咕噜锤，咕噜咕噜叉，咕噜咕噜小手变青蛙……咕噜咕噜锤，咕噜咕噜

叉，咕噜咕噜小手变树杈。

T：森林里的树很奇妙，一年中每个季节都不一样，那么在秋季，森林里会有怎样的变化呢？

（回放）

T：孩子们认为这片森林在秋日里是美丽的，什么叫美？

C：五颜六色。

T：那么，我们今天就来看看怎样才能让这片色彩斑斓的秋林进入课堂。

（附两份长卷）

T：接下来，让我们把秋日的森林画成一幅画。

（教师提示，在画森林的时候，要把双手放在画纸上，这样才能画出森林的轮廓）

T：请同学们想想，怎样才能画出一棵高大的树木呢？小树？远处的一棵树？那些树木又是怎么回事？

（幼儿讲故事，教师给他们讲故事。）

C：再往上，再往下，再往上……

T：怎样才能画出一棵很大的树？

（有灵感的幼儿可以向教师求助，等等）

T：既然我们已经画出了树干，那么接下来就请孩子们再把叶子加上去吧。

（提供生活中常见的物品，如辣椒，瓶盖，真正的叶子，等等）

（幼儿可以自行复制，老师会告诉他们复制的规则与方法）

（临摹完毕，对作品进行评价）

在案例 12 里，教师首先通过一种手指游戏，让幼儿了解了树的某些基本特征，从而解决这一节的重点和难点，为幼儿进行艺术创造打下良好的基础。在活动中，教师通过创设各种问题情境，给予幼儿足够的空间去表达艺术，让幼儿去寻找答案，最后，教师为幼儿提供丰富的活动素材，为幼儿的艺术创作奠定物质基础，让幼儿充分地运用他们的想象力和创造性，从中得到一种充实和愉悦的感觉。幼儿在画画时，并不会过多地关注画画的结果，而是享受画画的乐趣，把自己代入画中，画出属于自己的梦幻世界。

案例 13：

《狮王进行曲》（大班音乐剧）

（回放一幅图）

T：这里是什么地方？

C：密林。

T：在这么大的森林里，会生活着什么样的小动物？

C：这里有虎、狮、兔……

T：那它们跳什么舞？让我们一起在欢快的音乐中学几个小动物跳舞。

T：这位小朋友的演出很精彩，请回到你的小凳子上去！

（展示图片）

T：哎呀，小朋友们，你们看看，今天的大森林是怎么打扮得这么漂亮的？它们在做什么？

C：这是一个动物嘉年华会。

T：对，在这片大树林中有一个动物的嘉年华，小动物们在欢乐的音乐中载歌载舞，好不热闹。就在这时，音乐声响了起来。

（播放《狮王进行曲》第一段音乐）

T：听完这段音乐有什么感觉？

C：非常恐怖，似乎有什么不好的事情要发生了…

T：那么，那些小动物听到这种音乐会有什么反应呢？

C：藏好，逃离…

T：对，这首曲子太可怕了，把一些小动物吓得躲到了自己的窝里。会怎样？出大事了？我们继续听下去。

（弹奏第二段乐曲）

T：请和老师说说，这个乐曲的声音是柔和的、慢的，还是很响亮的？

C：力大无穷。

T：你觉得像是哪个动物出现在舞台上？是一只温和的野兽，还是一只凶猛的野兽？

C：凶狠。

T：是谁？竟然是只威风凛凛的狮王。走路的样子如何？

（起身模仿狮王走路的样子）

T：狮王每到一处，都会有一支仪仗队给它开路，以彰显它的身份和威严。

（奏乐，为狮子开路）

有没有人能学会？边听歌边学习。

（再次播放仪仗队的开场音乐）

T：然后，伴随着响亮的音乐，狂暴的狮子迈着沉重的步伐出现了。狮王究竟是怎么做到的？

C：大吼了。

（播放狮王出场音乐）

T：怎么吼的？

（请幼儿自己模仿）

T：在这片森林中，连一个小动物都没有，狮子也没有人陪它玩，它感到非常的寂寞、非常的悲伤。它大声咆哮，但没有人回应，又向前三步，向左右三步，不断地咆哮，不断地寻找着同伴，呼唤着同伴，但都没有得到任何回应。狮王暴跳如雷，连踏三步，说："好气啊！"现在小朋友们模仿下狮王的咆哮。

（重播）

T：这个小朋友向教师说，为何没有人和狮王一起玩耍？

C：狮子的实力非常强大，又喜欢大吼，所以其他动物都很怕它，不愿意和它一起玩。

T：所以，小朋友们，不能整天那么凶，动不动就大喊大叫，让人怕了，就不会有人和我们一起玩了。狮王有了新的朋友，它的情绪又会如何呢？

（播放乐曲三）

T：你觉得狮王的情绪在变好，还是在变差？

C：看起来好多了。

T：是的，有只很聪明很勇敢的小白兔，它从狮王的吼叫声中感受到狮王内心的孤独和伤心，于是勇敢地跳出来，与狮王共舞。狮王终于发出了一声咆哮，但是这次，没有一个小动物惧怕它，全都冲了出去，它们也跟着它一起载歌载舞，过了一场欢乐的动物嘉年华。

T：当一只小白兔跳出笼子，向某人发出邀请的时候，它需要怎样的行动呢？

T：我要选两只狮子、五只兔子、两个孩子当国王的护卫，有谁愿意？其他的孩子们扮演着温驯的动物，记得你们要扮演什么样的动物就得模仿它的舞蹈动作。

（播放音乐）

T：这个曲子叫《狮王进行曲》。

（一边说一边展示图谱）

T：大家都知道这首曲子有多少个段落了吧？动物们逃跑、躲藏，然后是仪仗队出场，接着是"狮王"出场，接着是"兔子"与"狮王"共舞，最后所有的动物都与"狮王"共进晚餐。

（再来一次，本活动结束）

在案例13中，教师通过创造出的游戏情境，将幼儿置于大森林之中，通过角色扮演走进舞会，从而将幼儿表现出来的热情完全激发出来。在这个过程中，让幼儿在有疑问的情况下，反复地听曲子，从而使其对这些曲子有更深刻的理解和情绪经验。在教学活动中，教师应该重视幼儿的表现，并尊重幼儿的情绪表达和创造力，比如当一首低沉缓慢的音乐响起的时候，请幼儿猜一猜是谁。在幼儿进行表达和创造的时候，教师会给其很大的自由和空间，不会将自己的想法强行施加到幼儿身上，要让他们尽情地表达自己的情感，在他们遇到困难的时候，教师也会给予他们一些帮助，让他们在音乐的丛林之中，做这片丛林的主人。

（3）深入观察幼儿，并灵活使用指导策略

对幼儿进行“游戏”性的艺术教育，这是“科学引导”的基础。一是要看得清楚。一开始，教师可以关注幼儿的积极性和主动性，进而更好地理解幼儿的活动经验。在这个过程中，我们可以着重培养幼儿的独立、创造力、社交能力和艺术表达能力。二是要选用合适的观察方式和记录方式。三是要留出充分的考察时间。通过对幼儿的持续性观察，可以全面掌握幼儿的实际发展情况。

通过对幼儿的观察，老师应该进一步丰富自己的理论，了解幼儿的行为。“教师的知识内核，应当包括幼儿学习与发展的知识、幼儿个体的知识、幼儿社会文化背景的知识等。”因此，在教学实践中，教师应加强自身的知识积累，提高观察力和思维能力。同时，根据不同的年龄、性别、气质等因素，采取不同的心理咨询方式。比如，对于小班，多采用模仿性较强、可反复运用的游戏；在大班中，多采用启发式、富有挑战性的游戏。在上课时，教师要“注重对幼儿的兴趣和需求进行仔细观察，遵循少介入的原则，尽可能满足幼儿知识、情感、动作技能等方面的发展需求”。

案例 14：

掀起你的盖头来（大班音乐活动）

（回放）

T：小朋友们，你们看这是哪一种民族的舞蹈？

C：他们来自维吾尔族。

T：那么，你知道蒙古人的舞蹈中都有什么动作吗？

（幼稚的表演）

T：新疆素有“歌舞之乡”之称，维吾尔族也是一个以能歌善舞而著称的民族。

T：在新疆的舞蹈里，哪些是最基本的舞步？

C：手腕一转，脖子一扭。

T：让我们来听一听这首音乐。

（训练幼儿的基本步法和手法，引导幼儿跟着乐曲练习）

T：你对这支音乐有何感想？这是要干吗？

C：我要跳一支舞。

T：老师扮演这首歌中的新疆美女。老师戴着红色的头巾，你能看到我的脸吗？

C：看不到！

T：要不，你试试，怎样揭开面纱，就能看到里面的东西？

T：用什么动作揭开面纱？

（指导幼儿优雅地动作）

T：噢！这小朋友的动作很漂亮，让我们来看看吧！

T：你看到那个女孩了吗？你对此有什么看法呢？

（编个小姐姐的舞姿）

T：噢！这就是他所看到的：太漂亮了！谁能有与众不同的动作？

T：小朋友们，让我们将揭开面纱与欣赏女孩的动作结合在一起，表演吧！

T：看到这么漂亮的新疆姑娘，你是怎么想的呢？

C：很漂亮、很喜欢。

T：那么对于漂亮的女孩子，要用什么样的动作才能表示出自己的喜欢呢？

T：让我们来看看这位新疆女孩在做什么！（说明）

T：这就是所谓的"托帽手"。（教师解释）

T：这首歌一共有四个乐章，下面我们把自己创造的动作展示出来，表演下吧。

T：太好了！接下来，就是群演了。

C：没问题。

T：我们分成了两组，每个人都可以在每个组里随意挑选一个孩子来扮演新疆美女，另外的小朋友则用舞蹈的动作揭开面纱，欣赏美女，称赞美女。

（幼儿的集体表演）

T：小朋友们表现得很好，以后我们要多爱新疆的小朋友们，多帮他们一把，因为我们是一家人。

维吾尔族民歌《掀起你的盖头来》，它以肢体运动和眼神表情相结合来表达情感为主，具有很强的感染力。从头部、肩膀、腰部、胳膊，一直到脚尖。年幼的幼儿喜欢并乐于参与到舞蹈中去。在这种游戏里，教师为幼儿创造了多种情境，以适应幼儿的需要，对他们的表现进行观察，并对他们的表演进行指导，给出一些意见，从而使幼儿能够更加深入地体验游戏，并发展他们的个性和创造力。

4. 关注快乐学习的反思评价维度

教学评价是一个非常关键的环节，它既有利于幼儿的成长，又有利于教师自身的成长。在幼儿园艺术教育中，在这一进程中，还需要通过评估来监控和调节它。因此，对幼儿园艺术教育进行评估，有助于幼儿园艺术教育工作的开展。

（1）对幼儿进行评估

1）考核主体多元化，考核形式多样化

在教师评价的实施中，教师评价可以采取各种形式，如教师评价、幼儿互评等，实行对教师的考核方式多元化。例如，在一些音乐游戏中，教师就会说"表情真棒""做得不错"，等等。也许还会有一位年轻的歌手被挑选出来，这时教师就会说："这位歌手的嗓子太美了，我要选他当歌手。"让幼儿自己挑选，并解释为什么。不仅仅是教师可以评价幼儿，幼儿也可以互相评价。在以后的日子里，他们会更活跃，积极参与各种各样的活动。《手型彩绘》美术教学应让幼儿们一字排开，让他们选择自己最喜爱的一幅画，并给出原因，当幼儿遇到问题的时候，教师可以及时地进行指导，比如："这幅画很有创造力，我认为这幅画的颜色很好。"随后，教师就可以邀请幼儿一起去观赏和评论了。同时，对幼儿进行客观的评价对幼儿的身心健康发展也是十分必要的。除了口头评价之外，可以增加其他评价方式，考核方法要多样化。比如，为幼儿提供一个展示自己的平台，这对他们的自信心、对他们的艺术教育，都有很大的帮助。比如，每逢六一，我们就可以把他们的画拿出来，装点教室，美化一下我们的环境，等等。

2）构建幼儿发展评估系统

在幼儿园艺术教学中，对艺术教学成效进行价值评判，是其评价重点。赞科夫说：一个人的心情好了，就会激发他的斗志，反之，就会压抑他的心智。艺术是一项充满情感的活动，艺术教育是否能够营造出一种愉悦的气氛，是评价艺术教育成败的关键。在评价幼儿艺术活动时，效果的价值应被视为核心，而不仅仅是关注知识技能或活动形式的新颖与丰富。在幼儿园艺术教育中，游戏被认为是促进智力、情感、个性和社会性等全面发展的有效手段。然而，这种手段的实质是对幼儿的发展，应该认识和尊重他们的个性，给予个体差异充分的重视。每个幼儿在艺术活动中都应该有探索、发现和创造的权利，鼓励他们利用个体差异来表达独特的艺术。

首先，在评价幼儿艺术活动时，应该特别注意不同幼儿之间的差异，避免过分关注集体表现而忽视个体表现。其次，根据幼儿的个性和发育程度，进行有针对性的引导和沟通，让其能够更好地发挥自己的创意。在教学过程中，要了解和尊重幼儿的个性差异，树立"以人为中心"的教育理念，使每一位幼儿都能得到充分发展。

（2）教师评价和反思方面

1）建立一套有利于提高教师专业素质的评价体系

幼儿园应当建立起艺术课程的游戏化考核标准，并持续改进评价体系，将此作为对教师的重要指标。通过定期或不定期的考核和评价，能够激励教师的发展，并建立起一个能够推动自我进步的评价体系。这种做法不仅能够提高教师的教学水平，也能够确保教学质量的稳步提升。此外，强调"流程导向"对于教师而言尤为重要，因为它给予了他们更大的发挥空间，使他们能够根据具体情况，采取最适合的教学方法和手段，以最大限度地满足幼儿园教育的需求。这种灵活性和自由度，不仅有助于激发教师的创造力和热情，也能够使教学更加生动有趣，从而更好地促进幼儿的全面发展。

2）教师自身思维的有效引导

在此基础上，通过开展工作讨论和课题研究等方式，对教师进行了深入的反思，并对其进行了深入的研究。此外，幼儿园还可以不定期地邀请专家来给教师讲授与反省教育。关于教师的个人反思，应该在幼儿园艺术领域课程游戏化的过程中，通过对幼儿的实际行为展开仔细的观察和记录，来拓展反思的内容和深度。

（四）外部支持：幼儿园艺术领域课程游戏化之保障

1. 增强家园合作与沟通，增进家长的理解和支持

在幼儿的生活里，不管是在家里，还是在幼儿园，家园的联系与沟通对幼儿的成长发展都起着举足轻重的作用。在此基础上，通过构建幼儿园与家庭的沟通交流机制，加强家园合作，推进幼儿艺术教育的"游戏性"进程。

为了确保家长充分参与幼儿园艺术课程的游戏化过程并认识游戏化学习的重要性，首先，幼儿园可以定期举办家长开放日和亲子活动。这些活动提供了一个平台，让家长亲身体验孩子在课堂上所学的游戏化教学方法，并与教师进行交流和互动。通过亲自参与，家长能更直观地了解到游戏化学习对幼儿的益处，从而更加支持和配合学校的教育工作。其次，建立有效的师生家长交流渠道也至关重要。利用现代网络科技，比如 QQ 群、微信等，可以方便快捷地与家长进行沟通和分享。教师可以定期在群里发布幼儿在艺术领域的活动和学习成果，让家长了解孩子在学校的表现，并及时与教师交流反馈。这种沟通机制不仅有助于家长了解孩子的学习情况，也增进了家长和教师之间的信任和合作，为教育活动提供了更好的保障和支持。

第六章　幼儿园社会领域游戏化课程模式

第一节　幼儿园社会领域课程

目前，我们对幼儿早期教育中的"智育"问题比较重视，而对"社会"关注较少。伴随着对早期教育的不断探索，教育工作者逐渐认识到幼儿教育的全面发展具有重要意义，并提出了以幼儿个性的全面发展为导向的早期教育，这对培养具备合作精神和社会适应性的劳动者有着深刻影响。社会教育是一种旨在促进幼儿社交能力发展，并对幼儿社交能力进行培养的一种教育。虽然实现这一目标，需要众多的社会力量的帮助，但是，在这一目标的实现上，也有很大责任。《幼儿园教育指导纲要（试行）》（简称《纲要》）是教育部颁布和实施的一项重要文件，对幼儿园社会性学科的开设提出了全面指导意见。然而，在新《纲要》颁布后，幼儿园社会教育领域中的课程设置和活动却未引起足够的关注，幼儿园社会方面的活动与幼儿的现实生活脱节，社会方面的教学方式相对简单，以说教为主，忽略情境与体验的创设，造成幼儿的社会素质未能有效提高，幼儿园社会方面的课程也未取得预期效果。在此基础上，探讨在新的时代背景下，如何构建一套适合于幼儿发展的社会领域教育课程体系，是一项非常有价值的课题。

一、幼儿园社会领域教育课程概念探微

国际上把社会课程统称为"社会科"，国内将其统称为"常识""品德"等"社会课程"。在新的《纲要》中，将其确定为"社科类"学科。其目标是对幼儿的社会情感、态度、价值观和行为品质进行培养，从而提高幼儿的社会交际技能，在培养幼儿的主体意识，增强幼儿的主体态度、价值观、行为品质和社会能力方面具有十分重大的意义。

需要弄清楚两件事。一是在"幼儿园"以外的社会性某一领域中的一个领域，通过对"社科"课程内涵的认识，可以得出以下结论，这门课程的开展必须以幼儿的全面、多角度的生活为依据，而幼儿园在这门课程的开展中扮演着十分关键的角色。二是对于社会领域教育课程，不宜将其统称为"社会课"。在开展此项活动时，

要充分结合幼儿的年龄特征和生活实际、经历和经验，避免将课堂变为"社会知识"的讲授场地，或将此项活动与幼儿园其他活动相分离，丧失对幼儿社会能力的培育功能。

二、建立社会领域课程目标的依据——幼儿社会性发展理论

幼儿的社会性发展在其成长过程中扮演着至关重要的角色。首先，社会性被定义为个人在社会生活中的行为规范和人际交往，这包括了如何与他人相处、如何遵守社会规则等方面的能力。这一点不仅是对幼儿个体发展的要求，更是成为负责任、独立的社会成员的必然过程。在这个过程中，社会环境对幼儿的性格发展产生着深远的影响，因为幼儿需要在社会环境中获得满足社会需求的机会，才能逐渐形成健康的人格特征。其次，幼儿的社会性发展是心理发展的关键环节之一，它不仅仅是个体自身发展的问题，更是促进个人融入社会并推动社会进步的重要推动力。缺乏良好的社会发展将会对幼儿的心理发展产生负面影响，而交往能力的缺失则可能导致其在社会适应性和学习能力方面遇到困难。因此，社会性的发展是幼儿全面发展的重要组成部分，其重要性不可忽视。

在幼儿社会性发展的过程中，个体与社会群体、集体、个人之间相互作用和影响是不可或缺的。幼儿需要主动参与各种社会经验和关系，通过与他人的互动来学习和成长。在这个过程中，幼儿不仅要学会适应社会规则和环境，还需要培养自己的交往技巧和解决问题的能力。这种积极的参与和互动不仅有助于幼儿个体的成长，也为社会的发展和进步提供了新的活力和动力。正是在这样一个过程中，幼儿获得丰富的社会体验，发展了他们的个性，他们不仅是一个被赋予社会作用的客体，也是一个被赋予社会作用的主体。正是由于社会素质的发展对于幼儿的发展有着极为关键的影响，因此，在幼儿园课程体系中，应把"社会"列为一个与"健康""语言""科学""艺术"并列的特殊课程，各有自己的培养目的，并且要选取符合幼儿身心发育、年龄特征的相应教学内容。

（一）精神分析学派理论

弗洛伊德、埃里克森这两个著名的心理学家，从人格发展的视角，提出个体与社会和谐发展的观点。弗洛伊德将其人格结构分为"本我""自我""超我"，并指出"本我"是不自觉的、按照愉悦原理运行的，"自我"是为"本我"提供服务的，"本我"能够在恰当的时间内，按照客观事实来满足自己的天性需求。随着幼儿逐渐熟悉社会行为准则，"超我"也随之产生，"超我"象征着一种精神上的权利，而在"自我"努力寻找一种能够满足"本我"欲望的途径时，"超我"却始终不让这一途径实

现。而这三个部分，在幼儿五六岁的时候，就会慢慢发挥出来。弗洛伊德认为，"超我"的产生，本质上就是一个人的"社会"，而"本我""自我""超我"三者结合在一起，则代表着一个人的"社会"发展。从社会性的观点来看，"超我"即"道德的我"，由"道德的我"和"自我的理念"两部分构成。"良心"是"超我"的一种惩罚、否定、批判的力量，它会让你知道什么该做，什么不该做，因为一旦做了，你就会有一种罪恶感。而"理想"则是"超我"中的一种积极因素，它是一种需要个人去努力追求的抽象性事物。弗洛伊德相信，"超我"象征着一种更高层次的道德标准，以及人们生活中更高层次的取向，这种观念在幼儿期就已经形成。

艾里克森根据弗洛伊德理论，对人类的认知过程给出新的阐释，他将人类的认知过程分为"信任对怀疑""自主对羞怯""主动对内疚"等八个时期，他的理论从单纯的生理驱力转向关注个体自身的作用和社会因素，认为个体和周围的互动存在着一种心理—社会性的互动过程，幼儿与周围的互动过程受到特定的认识限制。

（二）认知发展理论的观点

皮亚杰是日内瓦学派的代表人物，他在探讨幼儿的认知发展时，也曾探讨过幼儿的社会发展问题。皮亚杰与艾里克森的观点一致，他相信：一个人社会能力的发展与他认知能力的发展息息相关，并伴随着他认知能力的提高而逐步提高。相对来说，人的认知发展是一个比较基础的过程。幼儿的一些特殊社会功能是随着其对应的认知功能的产生而产生的，任何一个时期的幼儿社会性发展特征都可以在其对应的认知发展阶段中得到体现。由此，可以用幼儿的认知发展特征来说明幼儿的社会发展特征。例如，在幼儿的认知发展过程中，他们会出现"分离焦虑"，这一现象就是建立在"客体永久性"上的。在皮亚杰看来，幼儿的认知发展要经历四个时期，他们从最初无法区分出主客体，到可以区分出主客体，然后在客体中可以识别出单独的物体，然后逐步理解单独物体之间的联系，了解如何去保持它们的守恒，最后可以将它们的联系从特定的物体中抽取出来，从而将它们的内容与形式分离。所以，幼儿的道德态度、人际关系中的认知元素，也需要从以前的运算阶段，进入具体的计算阶段，然后进入形式的计算阶段，道德观念和道德行为，还有其他社会性行为，都在这一发展过程中有规律地发生着变化。

（三）幼儿社会性发展的基本理论观点

社会性是人类心理属性的重要组成部分，它涵盖了社会认知、社会情感以及社会行为技能三个维度。首先，社会认知是个体对自我、他人、社会环境以及行为规范和文化的认知能力。这包括了对自我身份、他人特征、社会结构、文化背景等方面的理解。其次，社会情感包括了自尊感、同情心、羞愧感、是非感以及归属感等情感因素。这些情感因素不仅影响着个体对社会的态度和情感体验，还直接影响着个体的行为表现。最后，社会行为技能指的是个体在社会交往中所展现的能力，包括交往能力、分享合作能力、谦让等方面的技能。这三个维度之间存在着密切的相关性和相互影响。个体之间的关系和情感状态会影响到其社会认知和情感，而掌握良好的社会行为技能也会促进个体社会情感和认知的发展。

在社会素质培养方面，应当综合考虑这三个方面。一是社会认知教育应当包括对正确的自我意识、角色认知、性别认知、职业认知、社会生活环境认知以及规则和纪律的理解。这种教育有助于个体建立起正确的社会认知框架，从而更好地适应社会环境和规范。二是促进幼儿建立良好的人际关系，培养其同情心、羞愧感、归属感以及自信心，让他们学会关爱他人，形成积极的社会情感态度。三是社会行为技能的培养也至关重要，包括生活自理能力、人际交往能力、自我控制能力、规则意识、劳动技能以及表达能力等方面。这些技能的掌握不仅有助于个体在社会中更好地融入和发展，也能够提升其社会认知和情感的水平。

三、幼儿园社会领域教育课程实施存在的问题

（一）家庭和社区的参与缺位

新《纲要》中，并没有对家长、社区在幼儿园中的作用及责任作出清晰的界定，而是将其作为一项重要的社会活动。因此，在实际操作中，幼儿园的教学活动成为一场"独角戏"，以幼儿园为主的教学活动，家长、社区只是作为辅助性的角色，并不具备相应的教学功能。其实，通过对幼儿社会领域教育的观念内涵的分析，我们可以发现，幼儿园社会领域的课程应当是以幼儿生活为中心的。在这样的情况下，幼儿园、家庭、社区理所当然地都应该是幼儿园社会领域课程实施的共同承担者，相互合作，又各司其职，一起来实现课程的实施。为此，幼儿园开设了一门社会性课程，并不是只有幼儿园一方来完成的。然而，家长、社区在课程实施过程中的缺失，使得幼儿园社会领域课程实施成效受到限制。

（二）课程目标可操作性差，课程内容有待拓宽

新《纲要》对"幼儿社会"这一学科的目标界定过于笼统，仅对其最终目标、类别目标进行了描述，没有明确的层次关系。因为没有对不同的年龄目标进行明确的定义，造成了教育目的的可操作性较差，在实际工作中，因为自身的专业程度受到限制，所以在忙碌的工作过程中，很难将目标转变为日常的课程教学。其后果是：一方面，使教师达到既定的学习目的困难重重；另一方面，很难用规范的方法来评

估教师的工作成效。

新《纲要》对课程内容的规定主要关注幼儿社会要求，却忽视了幼儿人格发展及其与社会生活的关联。这导致了教学内容设置和安排可能使幼儿园教师过度专注于促进幼儿群体性发展，而忽略了个性化发展。不仅如此，幼儿园教材及社会学科教学也存在类似问题，严重影响了教育效果。研究指出，当前幼儿园教材偏重于亲社会行为与人际关系，但对于与幼儿日常生活密切相关的生活技能、行为习惯、礼仪教育、安全与生活、理财教育等个性化培育主题关注不足。

（三）对课程的观念偏差，认知有误

一是对幼儿园社会环境教育内容的关注不够。为了更好地培养和发展幼儿的社会个性，在幼儿园中实施"社会领域"教育是非常重要的。但在实际操作过程中，社会类专业的课程数量少，师资力量、设备等方面也难以适应实际操作的需求，严重影响了其在实际操作中的作用。特别是钢琴、美术、舞蹈和围棋，由于社会和家长的双重需求，更是备受关注。这种现象既反映了在幼儿园中，对于社会性领域的教育课程的重视程度较低，这也说明社会对于幼儿整体发展的重视程度有待提高。二是人们对幼儿社会行为的理解有一定的误区。当前的幼儿园社会教育，过分强调了课程内容的知识性、规则性和外显性，把知识的传授作为主要的目标，而忽略了对幼儿的社会态度的培养，导致了幼儿社会教育的成效不佳，也就是没有充分发挥出培养社会性、全面发展幼儿的作用。比如说，可以使用一些跟礼仪教育相关的社会性教学活动材料，利用拟人化的动物角色参与编写故事，对中班幼儿来说，教授一些基础的文明乘车知识。然而，对于4—5岁的幼儿来说，这样的教育方式，能否满足他们在社会认知、社会情感培育的前提下，对他们而言，最基本的文化素养，以及对社会心态的养成呢？这是一个既需要教材编写者思考的问题，也需要幼儿园教师思考的问题。另外，许多社会领域教育课程教材的编写者，为拓展幼儿的视野，搜集社会现象的素材非常丰富，但是对许多素材的深度挖掘却不够充分，不能引起幼儿对社会生活问题的重视，从而造成了在成长过程中缺乏对幼儿的社会关怀意识。三是整体素质不高。具体体现为：许多教师在实施幼儿园社会领域教育课程时，经常只是单纯地依靠幼儿园组织的教学活动，而忽略家庭和社区的教育，没有达到教育资源的有效利用，这也不符合社会领域教育的特征。四是在教学实践中，过分注重教学的规划和系统，而忽略融入其他领域和日常生活中的随机性教育，导致实际生活中"知"与"行"的分离，这一现象一方面与幼儿的年龄特性相关，另一方面也说明部分的幼儿教育者没有充分理解幼儿社会性教育中"知"与"行"的特性，因此，在幼儿园社会领域教育的实施上，还存在一定的问题。也就是，在实施课程的方式上，以课堂教学和语言为主要的授课方式，将社会领域课程转化成一个知识

性传授的过程，而忽略幼儿年龄幼小、不会做或不愿做的特性，从而导致课程效果大打折扣。

（四）课程实施的途径比较单一

从教育部颁布的《幼儿园暂行教学纲要（草案）》来看，在幼儿园社会领域教育课程实施中，其实施方式与中小学课堂教学的概念基本一致或相近。小学课堂化教育式的幼儿社会领域教育课程实施方式在实践中往往出现以下问题。一是社会实践主要集中在群体的教化行为上，而忽略人们在日常生活中的参与。因为在幼儿园社会领域教育课程的实施上，主要是以团体的教学活动为主要内容，它追求的是知识系统化，这就造成忽视幼儿理解能力的提升。《幼儿园工作规程》在一定程度上拓宽了"教育活动"这一内涵的范围，将一切由教师指导幼儿的学习与成长行为都视为"教学"。但是，因为幼儿教师缺乏对其课程资源进行开发的能力，以及其他一些因素，目前在幼儿园中，实现社会领域课程的方式仍然偏向于课堂，在表现方式上，以课堂教学为主，缺乏对生活方式的运用和对社区环境资源的运用。二是缺乏对课堂教学方式的多样化应用。在实际的课程实施过程中，教师们使用最多的还是语言讲授，而角色扮演法、调查法、讲解法、讨论法、观察学习法、实践练习法等其他方法却很少使用。这也表明，幼儿园教师的教学理念、教学准备、教学经验、教学资源利用等主观因素，对幼儿园内外课程资源的利用等客观因素，都有改善的余地。

四、幼儿园社会领域教育课程实施的影响因素分析

（一）幼儿园园长的重视程度不够

一些学者提出构建学校课程体系、对课程实施的管理、有关课程评价的管理、课程资源的管理、课程科研管理、建立课程管理保障体系等都是建立教学单元课程管理体系的主要内容。所以，要想提高幼儿园社会领域教学的质量与成效，就需要加强对课程的管理。相对于其他课程管理主体来说，幼儿园园长对幼儿园的课程管理是最了解的，自然应该对社会领域教育课程实施效果的好坏承担首要责任。然而，目前幼儿园园长对社会领域课程教学的重视程度相对较低，这也成为课程实施质量仍需提升的重要原因。主要体现在：首先，开设艺术、语言、科学等领域的课程见效快，而社会领域教育课程的周期较长、效果的滞后性等原因，致使幼儿园只是单纯地满足了社会与父母的短期效果要求，在社会领域体系建设方面的投入降低，忽视社会领域课程教学的管理，从而造成课程管理水平低下，课程组织和实施成为"老大难"。其次，缺乏对教师专业素质的培养，缺乏对相关课程的研究，导致其对相关课程的认识与重视不够，导致其教学水平与质量亟待提升，反映出园长忽略相关课

程的发展。

（二）幼儿园幼儿教师的专业化水平不够

幼儿园能否成功地开展社会领域教育课程，与教师自身的素质、能力有着紧密联系。舒尔曼认为，教师的专业知识包括学科知识、一般教学知识、课程知识、学科教学知识、幼儿及其学习特点的知识、教育情景的知识、教育目的与价值的知识等。因此，在新课改中，教师的知识结构是否完备对新课改的效果有很大影响。当前，幼儿园教师的知识结构与实际要求相比还存在较大差距，课程能力与实际要求相比还略显不足。具体体现为：对学前教育学、幼儿园课程和教学基础理论、各学科课程和教育学、心理学等课程内容和教学实践等方面的认识不足。这对"课程评价"和"社会性"等实践知识、课程内容和价值等方面的认识不足。这对社会领域课程实施产生很大影响。教师的课程组织与实施能力、课程评价与选择能力，会对幼儿领域课程质量产生更加直接的影响，必须更上一层楼才行。另外，许多幼儿园教师社交类课程的研究能力还不高。不管是对社会领域教育课程的教学反思，还是对课程进行的教学科研活动，都呈现出科研意识淡漠薄、科研能力薄弱等问题。目前，在幼儿园社会领域教学中，教师是实现其目标的主要力量，我国社会领域教学中出现的种种问题已成为亟待解决的问题。

（三）幼儿园社会领域教育课程开发力度不够

首先，幼儿教师对课程资源的认知不足。因为习惯地遵循上级部门通过幼儿园教科书所布置的教学任务，所以许多教师都认为在实践中没有什么必要去进行课程资源的开发，他们也不会对课程进行太多的反思，更不清楚幼儿园课程资源的含义。他们的视角过于狭隘，以为幼儿园的教学活动应当围绕课本上已经确立的内容进行，并以此为基础来进行设计和组织。从长期来看，许多教师对社会领域教育课程资源的认知不足。其次，在发展过程中，幼儿园教师的精力和能力都受到限制。课程资源的开发是一项需要长时间投入的工作，幼儿园教师面对缺少安全意识和能力、需要成人细心照料的幼儿，他们的工作量比较大，而在工作之余，他们的时间又被赶写教案、制作教玩具、文案工作等占用。所以，在对课程资源进行开发的过程中，幼儿园教师的精力受到限制。与此同时，课程资源的构建也成为教育改革中的一项新任务，而在这一领域中，幼儿园教师缺乏足够的经验，他们在课程资源的加工、重组、配置等方面，在课程设计、课程评价等领域，还没有掌握足够的技能。最后，缺乏对生活课程的有效开发与应用。幼儿园社会领域的课程资源包含所有对课程实施与生成有利的各种物质和非物质的因素与条件，这些内容应该是全面的、综合的、生活的、真实的、多方面的，比如文化馆、博物馆、科技馆、少年宫、学校、田野、沙滩等，这些都是可以被幼儿园充分利用的课程资源。然而，在实际工作中，许多学前教育教师在社会领域课程实施中，对生活性课程资源的发掘与利用还存在不足。

五、国内外幼儿园社会领域课程纲要的目标分析

在五大领域课程中，幼儿园社会领域课程是一个非常关键的领域。"新"的教学目标的导向与定位，将会对"新"的教育教学内容的选取与实施产生重要影响。《幼儿园教育指导纲要（试行）》（以下简称《纲要》）颁布后，社会领域课程被普遍认为是一门独立的课程领域，但与其他领域课程比较，在研究的广度和深入上仍存在不足。《纲要》对于各方面指标也做了较为笼统的定义，但还有待于进一步的研究和细化。

（一）我国不同地区幼儿园社会领域课程纲要之目标分析

《幼儿园教育指导纲要（试行）》中已将"社会"一词引入幼儿园教育中，并对其教育目标、教育内容及教育方式进行了详细阐述。培养的主要目的是：能主动参与各项活动，有自信心；乐于与他人交流，学会互相帮助、合作、分享，有爱心；了解和遵循一般的社交准则；能够吃苦耐劳，不惧艰难，具有一定的责任心；爱父母、爱师长、爱同事、爱集体、爱家乡、爱国家。一是社会交往。幼儿与自身交往（自信，积极性，自主权，坚持不懈等），幼儿与别人交往（乐群，互助，合作，分享，同情），幼儿与集体交往（遵守规则，爱护公物，爱护环境），幼儿与社会交往（社会职业，家乡，祖国，世界文化）；二是由认知、情绪态度和行为技巧等组成的智能结构。幼儿的社会性和个性发展的目的就是这两个方面的综合。此外，这一目标的制定还反映出幼儿社会生活中的关系圈正在逐步扩展的特征，也就是从幼儿自身逐步扩展到他人、集体和社会。

《上海市学前教育课程指南（试行稿）》未将"社会"纳入具体的学科范畴，但基于幼儿自身的直观体验，将其划分为共同生活、探索世界和表达表现三个层面，"共同生活"层面类似于"社会"层面。这份指导书列出六个主要目的，第一、二个目的都是针对幸福的"共同生活"这一层面；基本养成一种文明、健康的生活方式和行为方式，能够独立、有信心地完成自己能力范围内的事情，具备一定的责任心。可以看出，在社会领域中，其课程目标包括三个层面：幼儿的自我发展、人际交往以及对社会的了解。

香港各区域的课程大纲，分别载列于两份文件，分别是《学前教育课程指引》和《香港表现指标（学前机构适用）》。《学前教育课程指引》重点放在"情绪及群性"这一部分，其目的为：发展基本的社交技能；培养责任心；体验团体活动的快乐；认识自己的社区。《香港表现指标（学前机构适用）》中的"幼儿发展"部分也包含

"情意及群性发展"表现指标，主要包括：善于控制自己的情绪、善于交际、有责任心、有公益精神。前两项为"情意"范畴，而后两项为"群性"范畴。《学前教育课程指引》较重视幼儿的"群性"，也就是发展幼儿的社会交往、团体适应及社会认知等方面的技能，但《香港表现指标（学前机构适用）》则把幼儿的"自我"成长列为主要培养目标，同时也重视幼儿的"群性"成长。

（二）国外幼儿园社会领域课程纲要之目标分析

日本《幼儿园教育要领》包括健康、人际关系、环境、语言、行为等五个领域。而与社会领域相关的部分则集中于"人际关系"这一部分。其教学目的有：让幼儿体会到幼儿园的快乐，并有一种自力更生的成就感；让幼儿积极地与身边的人接触，建立友谊与信任；让幼儿在社交活动中逐渐形成良好的行为习惯与态度。日本《幼儿园教育要领》规定，这方面的教学目的主要是培养幼儿与人之间的友善互动，以及增强幼儿与他人和谐共处的自主能力。很显然，自主和友善的交流是该领域所追求的核心。此外，对幼儿的社会学习也给予了足够的重视。这是一个从幼儿自我逐步扩展到他者，再扩展到社会生活的过程，因此它首先与幼儿自身联系起来，并注重对幼儿自主性的培养。随着幼儿人际交往面的不断扩大，他们所接触的他人也越来越多，因此他们与他人的友好交往以及对友爱之情的培养就成了一个重要的发展目标。幼儿要想更好地融入这个世界，就必须遵循一些基本的规范，养成一些良好的生活习惯。

英国《基础阶段教育（3—5岁）课程指南》把幼儿的发展划分为"个性、社会性和情感发展""交流、语言和读写""数学发展""认识和理解周围世界""身体发展""创造力发展"等六大板块。在"个性、社会性和情感发展"这一部分，对社会领域的教育目标进行了说明，它的主要目的是：①幼儿心理健康状况（安全感，信任感，归属感，责任感）。②了解自己，具有良好的自我感觉、自我形象、自尊，强调通过适当的活动，使幼儿树立良好的自我形象和自尊。③社交技能，如人际关系的良好、友情的重要性、社交行为的准则等。④对学习有浓厚的兴趣，如成就感、自信、坚持不懈等。由此可见，英国《课程指南》对幼儿的社交发展、自立体系的建立、好心情的养成、社交学习除了强调如何遵循社交规范之外，对如何认识社会、如何参与社交活动等方面的论述较少。

美国没有统一的教学计划，它取决于各州的具体条件。在各州的课程纲要或标准里，有两项内容与"社会"内容类似：一项是"社会性与情绪发展"，另一项则是"社会学习"，这一项在美国大部分学校和幼儿园里都很常见。其中，"社会性与情绪发展"课程的教学重点是幼儿自我、人格、情感和社会性的发展。例如，在华盛顿州的《早期学习与发展基准》"社会性与情绪发展"领域中，有八项主要目标：①幼儿与成人的交互。幼儿对所认识的成人有信心，并能与之进行良好的交互；幼儿在必要时可以向大人求助。②幼儿与同伴之间的交互。培养幼儿与伙伴之间的友好感情，促进他们之间的协作，展示幼儿主动的协调能力。③社会适应性行为。以展示对行为的自觉和认知为目的，主动参加团体活动，以适应不断改变的各种情况为目的；能够与周围的人及周围的环境产生共鸣。④重视差异。培养对象必须是独特的个体。⑤要有自我意识、自我能力、个性和爱好。⑥自我效能感。以"自信"为目的。⑦自律。以了解并遵循规章制度为目的；可以调整自己的情绪，控制情感冲动。⑧情绪表达。使幼儿能恰当地表达多种情感。在"社会学习"方面，侧重于社会学科的教育。《追求卓越：社会学习课程标准》是美国国家社会学习委员会制定的一项社会教育课程，其定义是："在人文与社会两个领域中，以提高国民素质为目的而进行的综合学习。"在幼儿园阶段，则侧重于在社会情境下对自身的认知，以幼儿"社会化"为主要目的和着力点。

加拿大安大略省颁布的《幼儿园大纲》从"学习期望"角度，列出幼儿在进入幼儿园后应在五大学习领域发展的知识、技能和态度。五个主要研究领域分别是语言、数学、科学和技术、个性和社会性发展、艺术。对于"个性和社会性"的发展，一般认为幼儿在完成托儿所阶段后，应当：①培养对自我与别人的积极态度；②培养幼儿在学业及其他方面的自主性及积极性；③加强健康与安全方面的知识教育；④能够熟练地执行对身体平衡和协调能力要求较高的动作、动作精度要求较高的动作；⑤了解和运用社会技巧；⑥培养对自身所处环境的认识，既有自然的，也有人造的；⑦发展对日常生活中的模式（pattern）的意识。本大纲还从四个层面提出了具体期望：①自我意识和自信。对自身长处和成绩的认可，能够发表自己的意见、与别人交流、展示自己的信心，等等。②从事健康与安全的活动。比如，知道身体器官的名字，知道它们的功能；理解和运用基本的安全知识；等等。③社会交往。能在活动中与同伴及成人进行适当的交流与活动；在给予别人帮助时，可以表达自己的关心；能够以一种可以被人理解的方法来表达自己的情感；能够使用一些基本的方法来处理一些社会问题；等等。④自我感觉良好。比如用来形容对世界上的事情的好奇，或者用来形容不同的气候。对其居住地进行地理学研究并进行描述；认识一些特殊的地方和建筑，并能解释它们的使用情况；谈论某件事或某个时间；等等。

（三）国内外幼儿园社会领域课程目标的比较

1. 目标结构维度方面的异同

从结构性的角度来看，不同国家和地区之间存在着很大的不同。例如，在我国，社会领域的教育目标是从社会关系（包括幼儿与自身、他人的关系以及群体或集体的关系）和心理结构（认知、情感与态度和技能）两个维度来组织的。在日本与加拿大，是由幼儿自己向别人进行的，再到其周围的社会生活和环境。从知识、技能、情感和态度等方面出发，美国的社会教育课程被引入，而在实施的时候采取一种情境拓展方法，也就是从幼儿最熟知的场景和角色逐渐扩展到幼儿不太了解的场景和角色。但是，可以发现，不同国家、不同地区之间仍然存在着一些共同点。例如，它们都在某种意义上重视幼儿社会关系、社会生活圈日益扩大的必然趋势，它们都是以"自我—他人—社会"这一连续统一体为基础，来对社会领域的课程目标和具体内容进行组织。

2. 目标具体内容上的异同

从以上的论述可以看出，不同国家和不同地区的特定教育目的是不同的。比如，我国的新课标特别重视幼儿自信心的发展；日本教育的重心在于加强幼儿的自理能力；英国重视对幼儿进行积极、正面的自我认知，提升幼儿的自我价值观；美国在培养幼儿自我意识和发展幼儿自尊心的同时，也强调培养幼儿的自我控制力；加拿大重视对幼儿自信心和自我意识的培育。

同时，在不同国家、不同地区特定的社会层面上，在特定的对象和内涵上也存在着一些共性。首先，各个国家和地区对幼儿自我体系的培养都十分重视，都注重对幼儿自我认知的培养，促进幼儿形成正面的、积极的自我形象和发展幼儿的自尊，并提高幼儿的自信心，培养幼儿的独立性和自主权。其次，各个国家和地区都非常关注幼儿良好的社会行为。日本在这方面做得很好，日本《幼儿园教育要领》特别开设"人际关系"这一课。除此之外，各个国家、各地区也都很注重对幼儿理解他人想法和感受的能力的培养，并要对他人表示出自己的关爱，要懂得尊重他人等。

最后，各个国家和地区的纲要中都指出，要重视培养幼儿了解并遵循某些社交规范，培养幼儿良好的社交行为习惯。例如，在《幼儿园教育指导纲要（试行）》中，就有关于幼儿"了解和遵循一些在日常生活中应该遵循的基本社交准则"的论述。日本还清楚地指出，要"让孩子们知道如何与其他孩子们和谐地生活在一起，要知道如何去遵守社会秩序"。除此之外，许多国家和地区的教育内容，都把帮助幼儿接触、了解和适应周围的社会环境作为主要的教育内容，将周围的人、物、机构、场所等都包含其中。比如，我国上海的新课标中就有这样一句话：要让孩子们"接触、了解周围生活环境的人、事、物，感受身边熟悉的科技成果对生活的影响"。美国华盛顿州颁布的《早期学习与发展基准》亦鼓励幼儿要"适应变化多样的环境；表现出对他人和自然世界的移情能力"。

六、幼儿园社会领域教育课程体系建设的探索

（一）幼儿园社会领域教育课程属性的思考

在《纲要》中，幼儿园的教学内容"可以相对划分为健康、语言、社会、科学、艺术等五个领域"，主要体现在以下几个方面：第一，与现实生活密切相关。幼儿园的社会领域教育课程应当是一种基于幼儿真实生活的生活化和游戏化活动。这就需要在进行社会领域课程的组织时，要做到内容生活化、幼儿对活动内容有一定的感知和体验、教学手段要具有多样性，这样才能让幼儿获得社会性的真实体验，确保幼儿园社会领域课程实施的效果。第二，重视幼儿的操作和体验。社会性课程并非单纯的口头教育，也非单纯的记忆，更多的是幼儿在教师的引导下，通过自己的实践来"做"。许多社会技能的培养，都与幼儿的亲身体验有关。第三，将课程实施与幼儿游戏有机地结合起来。实践表明，幼儿的社会能力常常是在游戏的过程中获得的。

（二）幼儿园社会领域教育课程设计的思考

一是"返璞归真"的课程设计理念。脱离幼儿生活的实际，使其成为一种固化的教学活动，从而给幼儿认知设置一道又一道的障碍。所以，课程设计应重视引导幼儿去了解这个世界，去体会生活的丰富价值和意义，去激发并唤醒幼儿的童心和兴趣。这就需要从幼儿的现实生活出发，发掘出其所蕴含的课程内涵。二是"以幼儿为中心"的课程设置理念，强调幼儿的社会生活体验。在课程的内容设置方面，应该从生活环境中挖掘教学内容，注重幼儿个人的真实生活体验，让幼儿能够积极地参加，通过积极的体验来实现对课程的理解。

（三）幼儿园社会领域教育课程实施体系建设的思考

一是充分发挥幼儿园在课程实施中的主导作用，引导社区和家庭等多方面的因素，以促进新课程的发展；学校应充分发挥其对师资队伍建设的支撑作用，并在课程实施中起到统筹、协调和监督的作用；幼儿园的管理者应该对构建社会领域课程体系给予足够的关注，加强对教师专业水平的提高、对专业研究能力的评价、对课程能力的监督和激励机制的构建等方面工作，营造一个干净、优美的幼儿园生活和活动环境，制定并完善各项规定等，从而推动幼儿的全面发展。在此基础上，充分利用社区社会教育的各种资源，争取家庭和社会的教育理念与幼儿园教育的一致，与幼儿园课程教育形成良好的互动，使幼儿获得良好的社会课程资源。二是以主题式教育为中心，体现学科教学的内涵。其优点在于，不再把重点放在"学科"上，

而把重点放在诸如"爱惜书本""勤劳的人""交通规则""环境保护""传统节日"之类的"幼儿生活"上，从而突破某一门科目或某一领域的局限。在实践中，可以选择因地制宜，采取多种途径和方法。例如，在园内外，采取不同的方式，进行有关的主题教育。这样不仅能将幼儿生活环境中的课程资源充分利用起来，还能在教学过程中针对幼儿园社会领域课程的特点进行考虑，使其在日常生活中的社会性教育作用得到最大限度的发挥。

第二节　幼儿园社会领域课程游戏化的特征与价值

一、幼儿园社会领域课程游戏化的特征

学前教育可以说是整个教育的先决条件和基础，所以学前教育应该成为一个更适合幼儿发展的系统；而在幼儿教育中，向社会领域教育进行渗透，是在学前教育中进行的一次改革与创新，使得学前教育体系能够得到健全的最大变化，是对整个学前教育的一次全面整合，从而对幼儿的成长起到积极的推动作用。由于幼儿早期教育采用的是一种非正规的方式，所以对教师来说，幼儿的健康、艺术、科学、语言等各个方面都应该融入到社会性的教育中去。只有这样，幼儿才能在生活、学习中得到全面的发展，提升其对社会的适应性，持续推动其发展。因此，幼儿园教师应主动寻找行之有效的对策，使其在幼儿园中得到更好的发展。

（一）社会领域教育渗透于学科教学中

针对这种情况，幼儿园教师可以在这几个领域的教育中进行社会领域的教育，使幼儿能够更好地提升社会适应性。比如，在特定的语言教学过程中，可以为幼儿创造一个生动的环境，让其更好地感知社会上的教育内容。在语言教学中，幼儿所能获得的知识主要来自不同的童话与文学作品。针对这一点，应创造一个生动的教育环境，让幼儿认识到一些基本的生活和社会原则。这样能更好地训练幼儿的语言能力，让其在面对不同的情况时能够更好地应对。

再比如，在进行健康教育时，教师要与幼儿形成一种和谐关系，使幼儿对教师有一种依赖和信任感。只有如此，在幼儿进行健康教育的时候，才能够让幼儿获得一种内心的安全感，让他们懂得如何更好地与人相处、如何更好地适应将来的社会、如何更好地适应复杂的人际交往。这样，有助于幼儿的身心健康成长，以及更好地将社会性教学与专业教学相结合。

（二）社会领域教育渗透于游戏活动中

在幼儿园教学中，在幼儿的玩耍过程中，应将社会空间的教学纳入其中。对于幼儿来说，爱玩是每一个幼儿的本性，而当前的幼儿园教育也很好地抓住了幼儿的这一本性。在教学过程中，应利用以游戏为核心的多种活动，促进幼儿的全面发展。为此，今后在进行游戏主题活动的设计时，要在保证其趣味性的基础上，增加其生活化、社会化，要有针对性，要符合幼儿的发展特点，并根据其特点，与幼儿的年龄特点进行相关的游戏，使幼儿在游戏中获取社会方面的知识，提高幼儿的社会适应能力。此外，在进行游戏活动的时候，要保证有一个很好的活动环境，让幼儿感觉到安全、舒服的气氛。在这样的气氛中，让他们能够提升自己的动手和动脑的技能，让他们能够在活动的时候大胆地进行表达。只有这样，幼儿的玩耍行为才能顺利进行，社会性的教育才能得到充分的渗透。

（三）社会领域教育渗透于教学评价中

在对幼儿进行社会性教育的过程中，教师的评价起着重要作用。因此，在评价过程中，要把社会领域教育纳入其中，帮助幼儿持续地进行自我思考，从而推动幼儿更好的发展。为此，幼儿园教师应构建并健全评价体系。首先，教师的评价要多样化、综合性，评价内容不仅要包括教师的评价，还要包括幼儿的自我评价、幼儿的相互评价、幼儿的父母评价等。这样才能让幼儿多角度、全面地了解自己，对自己有一个准确的认知。此外，评价内容要多样化，不能仅限于幼儿的学科学习，还应从幼儿的人际关系、生活习惯等角度让幼儿对自己有更好的认知，对自己的缺陷进行改善，从而加强他们对将来学习和社会的适应能力，从而提升他们的综合能力。

因此，要想在幼儿园阶段进行有效的社会性教育，就必须有相应的对策。针对这一点，教师可以在学科教学中、在游戏活动中、在教学评价中，对幼儿开展一次渗透式的社会领域教育，从而推动他们更好地发展。同时，在幼儿园中，教师与幼儿之间的共同工作是一个漫长的过程。因此，幼师要根据幼儿的学习状况，不断地对自己的教育方法进行反思和总结，以便对其进行改进，使幼儿能够更好地与社会发展相结合，实现全面发展。

二、幼儿园社会领域课程游戏化的价值

教师和家长一般都更重视幼儿在科学、语言、艺术、健康等各方面的发展，而对社会的发展则相对较少关注，这五个方面往往是互相关联的。但在实际的教学过程中，教师并未将其社会属性完全发掘出来，更未将社会领域的教学与平时的教学结合起来。

（一）建立三级课程管理制度，让教师参与课程管理

目前，教师通常从课本中选取一些与社会相关的课程，而这类课程往往与幼儿的实际生活及学习方式不符。另外，对于"社会性"学科的评估也比较困难，无法像其他学科那样，对其进行评估。为使教师能最大限度地发挥自己的主导作用，必须推行"三联"的教学规划，使教师对自己在社会各方面的教学效果有一个清楚的认知。层次式的教学，主要分为班级、小组和幼儿园三个层次。园长作为总体的管理者，作为项目的带头人，要评估幼儿园社会领域的实践目标、步骤和阶段，并整合其内外的各种资源。每个组的组长负责组级的课程，按照幼儿园的总体课程实施目标来制定组级的目标，不要求每个组都有一样的内容；在资源的配置上，可以按照本学期的社会领域的内容来进行。团体层次的管理者在幼儿园水平和课堂水平之间起到沟通的作用。一个班的教师，通常是一个班的负责人，他制定一个班的学习任务，并且要有一个明确的周及月的规划。他们是社会领域全部课程的最终执行者，对其执行结果起到决定性的作用；应当按照不同班级的学习状况进行布置，不要求一模一样，也不必一模一样，但必须在总体目标的指引下进行。本计划的最终执行应当以全面照顾到每一名幼儿的成长需要为原则。

（二）为教师的专业成长搭建平台

成立一个能弥补各年级差距的教学研究团队，该团队的负责人，通常都具有很强的社会领域基础，具有很强的实践经验，每周可以在这个小组中进行一次讨论，同时，教师之间也能互相沟通，畅所欲言。可以运用一次多摩尔的方法，让教师有时间反思自己、提高自己；举办各种国际性交流和学习活动，以最大限度分享教育资源和提高教育质量；采用"师徒相长"的方法，加强对年轻教师的培训；公开园一级的社会性学科课程提供于教学研究小组进行观察与研究。

（三）提高家长、社会对社会领域课程重要性的认识

家长也应该认识到在社会方面实施这门课程的重要性。因此，我们应当通过多种渠道与方法，向家长与社会传达这一观念。在此基础上，我们可以采取适当的措施，加大对幼儿进行社会等方面的教育。另外，在开家长会时，也可以向家长们介绍这门课的重要性，让他们了解，从而获得家长的认同和支持。在得到父母和社会的认可和支持后，教师也就更能明白这一点的重要性，也就会通过多种途径来提升社会领域的教学效果。

第三节　幼儿园社会领域游戏化课程模式的创新策略

幼儿园社会教育是以发展学前幼儿的社会性为目的，以提高他们的社会认知、激发他们的社会情感、引导他们的社会行为为核心的教育。幼儿园社会教育是由社会认知、社会情感及社会行为技能三方面共同组成的一个有机整体，是学前幼儿进行全面发展的一个关键环节。《幼儿园教育指导纲要（试行）》中指出："社会性活动是一种隐性活动，是一种特殊的隐性活动。特别应该将幼儿社会认知、社会态度和社会情感的培养贯穿到一日生活的每一个过程和每一项活动当中。"在幼儿园的五大领域教育中，社会教育是一个非常重要的课程领域。幼儿对大自然的认识和理解、对现实世界中各种关系的认知、对文学作品和艺术作品的欣赏和喜爱等，都与社会教育的目的和内容有着密切的联系。社会领域的课程内容往往与幼儿的日常生活紧密相连，幼儿的社会认知、社会情感和社会行为都是在他们的日常生活和玩耍中得到充分展现的。因而，恰当地进行幼儿园社会教育的渗透，对于幼儿的身体、心理、社会发展都有着十分重要的意义与价值。

一、社会教育在幼儿园一日活动中的渗透

（一）社会教育在各领域课程和主题活动中的渗透

在各个学科的课程及专题活动中，社会教育的渗入就是将社会学科的知识与其他学科的知识进行相互联系，并将它们整合到一起来进行教学活动。比如，人们可以通过音乐、美术、戏剧表演等各种艺术活动，来实现对民族文化的认同。在游戏与体育竞技等健康领域活动中，人们可以培养出互助、友好与合作的品质。在科学领域活动中，人们可以看到细致、严谨与求实的态度。所以，在进行各种领域团体教学活动的时候，要抓住社会教育的机会，让社会领域教育完全地渗透到其他领域的教育之中，这样才能从多个方面来推动幼儿的社会性发展。

1. 社会教育在健康领域中的渗透

良好的师生与同伴关系能够促进幼儿获得稳定与愉悦的心情，从而对身边的人和事情产生一种信任和依赖感，这些都是幼儿良好社会情感的基础。因此，开展体育活动对幼儿进行勇敢、坚强与不怕困难的意志品质的培养，对于培养他们的乐观、主动与合作的态度也有很大帮助。为了达到这个目的，我们可以把与健康有关的东

西放到一起。例如，在中班开展的"鞋带蝴蝶结"这一健康领域活动中，除了要教幼儿如何绑鞋带，避免他们走路时跌倒之外，还可以让幼儿展开讨论，例如："我要是不会绑，该怎么办？"这样，幼儿就有了基本的沟通、倾听和社交的技能。将人际交际和社会适应的因素融入到健康领域的教学中，不仅能够促进学前幼儿社会性的发展，还能够提高实践教学效果。

2. 社会教育在语言领域中的渗透

故事与文献是开展社会德育的基本材料，是德育工作的一种重要途径。幼儿在掌握新的知识并运用新的方法的同时，也在发展他们的社会能力。很多文学作品和艺术行为，在某种程度上是具有社会教育性的。比如《蒲公英的吻》，它不仅具有普通幼儿随笔所具有的教育性，而且文字优美，意境新颖，富有幼儿情趣，又充满了幼儿对友情的向往；《夏天在哪里》的创作启发了幼儿热爱自然、热爱生活。因此，在语言教学中加入"社会"方面的知识，不但能增加语言教学的内涵，也能达到真正意义上的社会教育目的。

3. 社会教育在科学领域中的渗透

科学领域教育的主要任务是让幼儿在探索具体事物和解决实际问题的过程中，初步尝试发现事物之间的差别和相互联系的过程。当我们对自然界中的事物进行学习，并利用科学的方法来解决现实问题时，我们要明白，让幼儿学习了解和探索世界，其终极目标是保护自然，对社会做出贡献，让幼儿学习关心周围的环境，关爱周围的动物，珍惜珍贵的自然资源，培养基本的环保意识。例如，幼儿在阅读与探索《生命之水》的过程中，不但要理解其化学成分，还要加深对其生活意义的理解，进而理解其所蕴含的文化与社会意义，使幼儿认识到节水的重要性。

4. 社会教育在艺术领域中的渗透

在艺术世界里，情感与生活的"类比"并不重要，重要的是，美学上的共性可以被"借鉴"。如果一个幼儿能够用自己的绘画作品或者音乐来表达自己心中的美，那么他就可以将自己心中的美与周围的人分享，从而提高社会认知，提高社会情感。比如，当幼儿在观赏《盲女》这幅画时，我们可以让幼儿戴上眼罩，让他们用自己的双耳来聆听，用自己的心灵来体会。这样，他们才能真正地欣赏到那些名画，并对其中的氛围和情感产生联想，以此来引导幼儿学习如何去关心他们周围的老人和盲人等。《我上幼儿园》这首儿歌，不但可以让小班的幼儿学会这首充满童真的歌曲，还可以让他们学会一些基本的跳舞技巧，更可以让他们了解到在幼儿园里什么样的幼儿才是最好的。这样才能更好地融入幼儿园的环境中，也能更好地帮助小朋友们融入社会中。

5. 社会教育在主题活动中的渗透

幼儿园主题活动，指的是从幼儿的实际情况着手，遵循科学性、趣味性、灵活性等基本原则，在一段时间内，围绕一个中心，选择一个特定的主题，让幼儿根据自己的固有经验，通过观察、探索、思考、动手操作和实践，对这个主题进行全面体验，以达到最好的教学效果。主题活动突破课程的限制，使幼儿早期学习更加生动、全面。社会性教育不可与其他方面教育割裂开来，而应是一种综合性教育，以防止单一的科类教育；同时，在社会性方面的教育也不能脱离对幼儿的技能、价值观等方面的训练。要把教育目的和幼儿发展目的结合起来，融入教育和教学中去。主题活动所具有的教育性，正好与社会性的教育性相吻合。

（二）社会教育在区域活动和游戏活动中的渗透

幼儿园区域活动，也被称为区角活动、活动区活动，它是一种以幼儿的兴趣和游戏特点为基础，创造出一种环境，将活动的空间划分为一定的范围，并设置一定的活动素材，让幼儿自己选择自己的活动范围，自己探究、自己操作、自己学习，促进认知、情感、生理和社会性的综合发展的活动。对于幼儿来说，这是一种开放性的、低结构性的活动。幼儿可以根据自己的兴趣、需求和意志来开展自己的活动，活动的内容、时间、节奏、顺序以及活动的伙伴、规则等都可以由幼儿自己来确定，也可以与幼儿商量、合作，通过操作、探索与发现、交流与询问等方式来完成并生成活动。这样，幼儿的社交能力才能更好地发展。对于年幼的幼儿来说，玩是高度自主的活动，是幼儿最喜爱的一种活动，也是幼儿培养良好性格的重要途径。在这个过程中，我们看到了幼儿不同的成长需要，也看到了许多教育的机遇。通过玩耍，幼儿可以更深入地认识到各种社会情境，更深入地认识到自己所扮演的各种社会角色，还可以学习在社交活动中的各类技能，形成相应的社交行为，从而形成卓越的人格与社交情感。在区域活动和比赛中，可以通过营造良好的氛围、制定活动规则等方法来进行渗透。

1. 通过合理规划区域环境进行渗透

幼儿在日常生活中所处的生活状态，对其社会能力的发展起着潜在作用。对于正处于身心快速发展的时期，对一切都充满好奇、好问、好动手的幼儿而言，环境的影响更大、更强，影响更显著。例如，为了使幼儿有责任感而建立一个种植园，在其中种植一些普通的植物或盆景，同时还可以将一些幼儿喜爱的小动物放入其中，这样就可以让幼儿在日常生活中照顾动植物，同时还要负责将动植物的成长和变化情况进行记录，从而培养他们基本的责任意识和关爱生命的情怀。又比如，为了防止因为区域内的人数太多而对活动质量产生负面影响，在区域的入口处，可以根据幼儿的实际需要，合理设定幼儿的活动范围，进行不同类型的活动，并将其与幼儿的社会教育内容相结合，在区域情境中创造。教师应注重积极引导幼儿，让他们积极地参与到对环境的创造之中。在这个过程中，他们可以有机会表达自己的想法，可以对社会教育的内容进行更深入的了解。同时，他们也能从与周围的人的相互影响中获得交流的快乐，获得一种归属感。

2. 通过制定游戏活动规则进行渗透

在社会性教育教学中，玩的行为是一种非常关键的方式。在进行游戏的过程中，要对社会进行渗透，具体体现为：让幼儿在玩耍的时候学会遵守规则、去自我中心、学会与他人分工合作等。例如，在玩的时候，要学习礼貌，要和别人商量，把任务安排好。

在幼儿之家的游戏活动中，能够与同伴们进行互动，学习如何去关心他人，不去抢夺别的幼儿手中的物品，在游戏结束之后，要将物品归于原位；学会如何在人物之间建立良好的关系，并学会如何在人物之间进行转换；在构图游戏中，可以培养幼儿的优秀品质，如认真、团队合作、不怕困难。在游戏活动中，幼儿自由地分组，进行交流，培养协商分工、团结合作的良好品质。幼儿可以根据自己的兴趣和爱好，选择游戏活动，获得在学校里没有的体验。在此基础上，教师与幼儿共同设计出一套适合幼儿的游戏规则，并引导幼儿遵守。

（三）社会教育在日常生活中的渗透

幼儿的社会学习具有很大的随机性，它在很大程度上是真实的。幼儿园是幼儿的第二个生活空间，幼儿在那里学到知识、学会做人、学会生存。因此，为了使幼儿园的微型社会作用得到最大限度的利用，要促进其社会化，就要将社会教育内容与幼儿的日常生活相结合，从生活的各个方面着手，把握各方面的变化，以培养幼儿的规则意识为重点，以入园和离园、用餐和吃水果点心、如厕和盥洗、午睡和休息、整理床铺和生活物品等生活情境为重点。在对幼儿进行生活规律的培养过程中，教师要与幼儿相互合作，根据幼儿的生活规律，来培养其井然有序、整洁的良好习惯。在进行人际交往和社会适应方面，有些行为应在一天之内多次重复，有些应每天都在进行，以帮助幼儿尽早形成良好的习惯。

二、渗透式社会领域教育应注意的问题

（一）深入挖掘社会教育内容

教师要对该领域内容有深入了解，整理与幼儿的人际交往和社会适应相关的内容，并据此制定出切合实际的目标。例如，在学前幼儿健康教育的过程中，我们不仅要培养幼儿健康、理性的生活习惯，还要培养幼儿理解规则、认识规则的能力。

在幼儿园，幼儿的语言教育并不只是让幼儿学习如何去准确地、流畅地表达自己的想法，最关键的，是要让他们知道该怎么表现出自己的真心和善良。在幼儿园的科学教育中，我们不仅要让幼儿以一种客观的眼光去观察周围的事物，还要让幼儿以一种理性的眼光去观察人与自然的关系，理解人对自然的责任；学前幼儿艺术教育不仅要让幼儿学习如何对艺术作品中的美进行欣赏和表现，更要让幼儿经历并领悟人性中的真善美。在教学过程中，教师只有贯彻"浸润"的思想、拓宽"视界"，才能取得更大的成效。

（二）注重内容之间的关联性

它的根本思想在于将相关的内容进行整合，而非单纯地将不相关的内容进行叠加，使它们相互间具有某种联系。因此，我们在进行教学时，必须清楚地认识到，"领域渗入"并不适用于每一门学科，应避免"为了渗入而渗入"。比如，一项名为"楼顶的平安"的中班安全课程，它的重点是教会幼儿不要在楼顶上乱走乱爬，增加一些安全知识。在一些课程方案中，增加"让幼儿了解在公共环境及家庭中应注意保持卫生，养成主动维护周围环境的习惯"等内容，但是因为两者之间没有内在的联系，所以还是彼此分离，幼儿得到的只是独立的体验，从而削弱了教育的作用。在这个过程中，可以适当地教育幼儿不要在露台上挤来挤去，不要在露台上嬉戏，如果发现幼儿有危险时，应立即通知教师。

（三）合理安排渗透的方式

理解"融合"不只是简单的"叠加"，更重要的是把有关"融合"用一种鲜活的形式表现。目前，对社会领域的渗透，有两种方法。一种是把人与人之间的交际和社会适应的相关要求运用到其他的教育活动中，在教育实践中把它当作一个教育目的，称为显性渗透。例如，健康活动——小鬼当家（中班），以"主动参加，勇敢表达自己的观点"为目的。这种方式的优点是能清楚地说明社会教育的目标和内容，并能把它融入到课堂中，作为一种教育内容，以达到向社会渗透的目的。但是，在实践中，教师很难把握好这种"度"：过于强调社会性，将使幼儿在体育方面的目的被弱化，使幼儿无法系统地获得体育知识；如果我们忽视了这一点，那么我们的目标就无法实现了。另一种是将社会领域的目标融入到课堂教学中，而将其纳入课堂教学中，形成"隐性渗透"，并将其用作课堂教学的"背景渗透"。社会教育学是对某一行为的一种贯穿，可以是某一行为在这个过程中偶然出现的事情，或者是某种价值的延伸。举例来说，在中班进行"筷子夹夹夹"活动的时候，可以让幼儿观察到国外的刀叉与我们的餐具之间有何差异，然后让他们认识到中西饮食文化之间的差异，并且在适当的时候让他们了解到一些关于人际关系和社会常识性的内容。这种方法具有比较明显的随意性和偶然性，因此不能被视为一种常规的教学方法。

（四）保持活动的相对独立性

尽管在渗透式社会领域教育注重的是领域间的相互融合与渗透，但是为了使幼儿所接触到的知识能够维持一个完整的体系，每个领域都必须具有一个相对独立的内容与目标体系，才能保证幼儿对这些知识有一个系统的认识与把握。所以，在'渗透'过程中，必须掌握一个"度"，明确"渗透"的重点与难点。当将社会教育内容渗透到其他领域的教育活动中去的时候要先弄清楚其他领域活动的类型和目的有哪些。渗透的目的是更好地达成和完成其他领域的活动目标，与此同时，也可以实现某些社会教育的目的。然而，这一切都要以其他领域活动目标的实现为依据，如果没有这些条件，其他方面的知识就会被削弱，从而使原本专业化的方面的活动变成综合性的方面。

参考文献

[1] 刘焱. 幼儿教育概论[M]. 北京: 中国劳动社会保障出版社, 1999.

[2] 李季湄. 幼儿教育学基础[M]. 北京: 北京师范大学出版社, 1999.

[3] 阎水金. 学前教育学[M]. 上海: 上海教育出版社, 1998.

[4] 黄人颂. 学前教育学参考资料[M]. 北京: 人民教育出版社, 1991.

[5] 冯晓霞. 幼儿教育[M]. 长春: 吉林教育出版社, 2000.

[6] 周采, 杨汉麟. 外国学前教育史[M]. 北京: 北京师范大学出版社, 1999.

[7] 唐淑, 钟昭华. 中国学前教育史[M]. 北京: 人民教育出版社, 1993.

[8] 袁贵仁, 庞丽娟. 中国教师新百科: 幼儿教育卷[M]. 北京: 中国大百科全书出版社, 2003.

[9] 教育部基础教育司.《幼儿园教育指导纲要(试行)》解读[M]. 南京: 江苏教育出版社, 2002.

[10] 李生兰. 幼儿园与家庭、社区合作共育的研究[M]. 上海: 华东师范大学出版社, 2003.

[11] 丽莲·凯兹. 与幼儿教师对话: 迈向专业成长之路[M]. 廖凤瑞, 译. 南京: 南京师范大学出版社, 2004.

[12] 庞丽娟. 教师与儿童发展[M]. 北京: 北京师范大学出版社, 2003.

[13] 林崇德. 教育的智慧[M]. 北京: 开明出版社, 1999.

[14] 钱郭小葵. 幼儿课程[M]. 北京: 北京师范大学出版社, 1994.

[15] 张天宝. 主体性教育[M]. 北京: 教育科学出版社, 2001.

[16] 高岚. 学前教育学[M]. 广州: 广东高等教育出版社, 2001.

[17] 叶澜. 教育概论[M]. 北京: 人民教育出版社, 1999.

[18] 黄人颂. 学前教育学[M]. 北京: 人民教育出版社, 1989.

[19] 李季湄, 肖湘宁. 幼儿园教育[M]. 北京: 北京师范大学出版社, 1997.

[20] 王春燕, 王秀萍, 秦元东. 幼儿园课程论[M]. 北京: 新时代出版社, 2005.

[21] 郑慧英. 幼儿教育学[M]. 福建: 福建教育出版社, 1996.

[22] 冯晓霞. 幼儿园课程[M]. 北京: 北京师范大学出版社, 2000.

[23] 陈幸军. 幼儿教育学[M]. 北京: 人民教育出版社, 2003.

[24] 李生兰. 学前教育学[M]. 上海: 华东师范大学出版社, 2006.

[25] 钟启泉. 现代课程论[M]. 上海: 上海教育出版社, 2003.

[26] 刘焱. 儿童游戏通论[M]. 北京: 北京师范大学出版社, 2004.

[27] 邱学青. 学前儿童游戏[M]. 南京: 江苏教育出版社, 2001.

[28] 华爱华. 幼儿游戏理论[M]. 上海: 上海教育出版社, 1998.

[29] 丁海东. 学前游戏论[M]. 济南: 山东人民出版社, 2001.

[30] 林茅. 幼儿游戏[M]. 上海: 华东师范大学出版社, 1992.

[31] 陈帼眉, 刘焱. 学前教育新论[M]. 北京: 北京师范大学出版社, 1996.